I0663328

Princess Tarakanova

Grigory P. Danilevsky

Княжна Тараканова

Григорий П. Данилевский

Princess Tarakanova

Copyright © 2018 by Indo-European Publishing
All rights reserved.

ISNB: 978-1-60444-881-8

Княжна Тараканова

© Индоевропейских Издание , 2018

ISNB: 978-1-60444-881-8

КНЯЖНА ТАРАКАНОВА

Часть первая

«Дневник лейтенанта Концова»

> Ни малейшего сумнения, — она авантюрьера.
> Письмо Екатерины II

1

Май 1775 — Атлантический океан, фрегат «Северный орел»

Трое суток не смолкала буря. Трепало так, что писать было невозможно. Наш фрегат «Северный орел» за Гибралтаром. Он без руля, с частью оборванных парусов, уносится течением к юго-западу. Куда прибьемся, что будет с нами? Ночь. Ветер стих, волны улегаются. Сижу в каюте и пишу. Что успею записать из виденного и испытанного, засмолю в бутылку и брошу в море. А вас, нашедших, молю отправить по надписи.

Боже-вседержитель! Дай памяти, умудри, облегчи болящую, истерзанную сомнениями душу…

Я — моряк, Павел Евстафьевич Концов, офицер флота ее величества, всероссийской императрицы Екатерины Второй, пять лет тому назад, божьим изволением, удостоился особого отличия в битве при знаменитой Чесме.

Всему свету известно, как наши храбрые товарищи, лейтенанты Ильин и Клокачев, с четырьмя брандерами, наскоро снаряженными из греческих лодок, в полночь 26 июня 1770 года, отважно двинулись к турецкому флоту при Чесме и послужили к его истреблению.

И мне, смиренному, удалось в то время — прикрывая брандеры, — в темноте, с корабля «Януария», лично бросить во врага первый каленый брандскугель. От брандскугеля, попавшего в пороховую камеру, вспыхнул и взлетел на воздух адмиральский турецкий корабль, а от наспевших брандеров загорелся и весь неприятельский флот. К утру из сотни грозных шестидесяти— и девяностопушечных вражьих кораблей, фрегатов,

1

гальотов и галер не осталось ничего. Плавали одни догоравшие обломки, трупы и разрушенная корабельная снасть. Наш подвиг воспел в оде на чесменский бой преславный поэт Херасков, где и мне, незнаемому светом, посвящены в добавлении сии громкие и вдохновенные строки:

Вручает слава ветвь, вручает ветвь Лаврову
Кидающему смерть в турецкий флот Концову.

Оные стихи твердили все наизусть. Хотя бывшие в нашей службе на брандерах англичане, как Макензи и Дугдаль, главнейше приписывали себе славу чесменской битвы, но и нас начальство отменно взыскало и отличило. Притом и я был удостоен чином лейтенанта и взят в генералы-адъютанты к самому победителю морских турецких сил при Чесме, к графу Алексею Григорьевичу Орлову.

На службе мне везло, жилось вообще хорошо. Но страшный рок иногда преследует людей.

Судьба отвернулась от меня, статься может, за поспешное, хотя вынужденное удаление с родины.

Мы радостно жили на славных чесменских лаврах, превознесены и чествуемы всюду — французами, венецианами, испанцами и иных наций людьми. И вдруг мне, бедному, выпал новый, нежданный и тяжкий искус.

Война еще длилась. Граф Алексей Григорьевич Орлов, после шумных битв, живя в удовольствии на покое, при флоте, говаривал:

— Я так счастлив, так, как будто взят, аки Енох, живой на небо.

Это он так только говорил, а неукротимыми и смелыми мыслями не переставал парить высоко, с тех пор как некогда пособил Екатерине взойти на престол.

Однажды, плавая с эскадрой в Адриатике, он послал меня для одной тайной разведки к славным и храбрым жителям Черной Горы. Это было в 1773 году.

Лазутчики все ловко и умненько устроили. Я бережно в ночной темноте высадился, снес что надо на берег и переговорил. А на обратном пути, в море, нас приметила и помчалась за нами сторожевая турецкая кочерма.

Мы долго отстреливались. Наших матросов убили; я, тяжело раненный в плечо, был найден на дне катера, взят в плен и отвезен в Стамбул.

Во мне, хотя переодетом в албанский наряд, угадали русского моряка и сперва очень ухаживали за мной, очевидно, рассчитывая на хороший выкуп. «Ну, как дознаются, — думал я, — что их пленник тот самый лейтенант Концов, от брандскугеля которого зажегся и взлетел на воздух под Чесмой их главный адмиральский корабль? что станется тогда со мной?»

2

2

Я пробыл в плену около двух лет. Настал 1775 год.

Вначале меня держали взаперти, в какой-то пристройке Эдикуля, семибашенного замка, потом в цепях, при одной из трехсот стамбульских мечетей. Дошел ли туда, на самом деле, слух, что в числе пленных у них находится Концов, или турки, потеряв надежду на мой выкуп, решили воспользоваться моими сведениями и способностями, — только они затеяли склонить меня к исламу.

Мечеть, где я содержался, была на берегу Босфора. Из-за железной оконной решетки виднелось море. Лодки сновали у берега. Навещавший меня мулла был родом славянин, болгарин из Габрова. Мы друг друга вскоре стали понимать без труда... Он начал стороной наставлять меня в турецкой вере; хвалил мусульманские обычаи, нравы, превозносил могущество и славу падишаха. Возмущенный этим, я упорно молчал, потом стал спорить. Чтобы расположить меня к себе и к вере, которую он так хвалил, мулла исхлопотал мне лучшее помещение и продовольствие.

Меня перевели в нижнюю часть мечети, при которой он состоял, начали давать мне табак, всякие сласти и вино. Цепей с меня, однако, не снимали. Сам вероотступник, учитель мой, по закону Магомета, не пил, но усердно соблазнял меня и манил:

— Прими ислам, будет тебе вот как хорошо, цепи снимут, смотри, сколько кораблей; поступишь на службу, будешь у нас капитаном-пашой...

Я лежал на циновке, не дотрагиваясь до предлагаемых соблазнов и почти не слушая его. Моим мыслям представлялась брошенная родина. Я перебирал в уме друзей, близких, улетевшее счастье. Сердце разрывалось, душа изнывала от неизвестности и тоски по родине. О, как мне памятны часы того тяжкого, рокового раздумья!

Как теперь соображаю, я тогда вспомнил наш тихий, далекий украинский поселок, родовую Концовку. Я сиротой, в офицерском чине, прибыл из петербургских морских классов на побывку к бабушке. Ее звали Аграфеной Власьевной и тоже Концовой. У бабушки, поблизости города Батурина, были богатые соседи по деревне, Ракитины, отставной бригадир-вдовец Лев Ираклиевич и его дочка Ирина Львовна.

То да се, езда в ракитинскую церковь, потом в тамошние хоромы, свидания, прогулки, ну — молодые и полюбились друг другу. Мои чувства к Ракитиной были страстны, неудержимы. Ирен, пленительная, смуглая и с пышными черными волосами, стала для меня жизнью,

3

божеством, на которое я день и ночь молился. Мы объяснились, сблизились, неведомо для других. Боже, что это были за мгновения, что за беседы, клятвы! Началась пересылка страстных грамоток. Я всегда любил музыку. Ирен дивно играла на клавикордах и пела из Глюка, Баха и Генделя. Мы виделись часто. Так тянулось лето, дорогие, памятные дни! Одно из моих писем к Ирен, по несчастной случайности, попалось в руки ее отца. Был ли Ракитин к дочке не в меру строг и суров, уговорил ли ее отказаться от меня, променяв преданного и верного ей человека на иного… только горько, тяжело о том и вспомнить.

Была осень и, как теперь помню, — праздник. Мы собирались в ракитинскую церковь. Кто-то въехал к нам во двор. Разряженный ливрейский лакей подал бабушке, привезенный им от Ракитиных, запечатанный пакет. Сердце мое так и ойкнуло. Предчувствие сбылось. Бабушке относительно меня был прислан точный и бесповоротный отказ.

«Простите, мол, матушка Аграфена Власьевна, ваш Павел Евстафьевич всем достоин, всем хорош и пригож, — писал бригадир Ракитин, — но моей дочери, извините, он не пара и напрасно с ней пересылается объяснениями. Пусть не гневается, а мы ему были и будем, кроме означенного, друзьями и желаем вашему крестнику и внуку найти стократ лучшую и достойнее его».

Сразило меня это письмо. Померк свет в глазах. Вижу — пресеклось дорогое, чаемое счастье. Гордецы, богачи, свойственники Разумовских, Ракитины без жалости презрели небогатого, хоть и коренного, может быть, древнее их дворянина. Спесь и знатность родства, близкого ко двору бывшей императрицы, взяли верх над сердцем. И прежде было слышно, что отец Ариши прочил свою дочь во фрейлины, в высший свет.

— Бог с ними! — твердил я как безумный, ходя по некогда приветливым, ныне мне опостылым светлицам бабушки.

День был пасмурный, срывался мелкий дождь. Я велел оседлать коня, бросился с отчаяния в степь, прискакал к лесу, граничившему с ракитинскою усадьбою, и носился там по полям и опушке, как тронувшийся в уме. Ветер шумел в деревьях. Поля были пусты. К ночи я подвязал коня к дереву и садом из леса подошел к окнам Аришиной комнаты. Что я перечувствовал в те мгновения! Помню, мне казалось — стоит только дать ей знать, и она бросится ко мне, мы уйдем на край света. Безумец, я надеялся ее видеть, с нею обменяться мыслями, наболевшим горем.

— Брось отца, брось его, — шептал я, вглядываясь в окна. — Он не жалеет, не любит тебя.

Но тщетно: окна были темны и нигде в смолкнувшем доме не было слышно людского говора, не сказывалось жизни. Две следующих ночи я снова пробирался садом к дому, сторожил у знакомой горенки, откуда прежде она подавала мне руку, бросала письма, не выглянет ли Ирен, не сообщит ли о себе какой вести. Посылал ей тайно и письмо — ответа не было. В одну ночь я даже решил убить себя у окна Ирен, ухватился даже за пистолет.

«Нет, — решил я тогда, — зачем такая жертва? Быть может, она променяла меня на другого. Подожду, узнаю, может быть, и впрямь нашелся счастливый соперник».

После я узнал, да уже поздно, что Ракитин, написав мне отказ, увез дочку в дальнее поместье своих родных, куда-то на Оку, где некоторое время ее держал под строгим присмотром.

3

Бабушку не менее меня сразило мое положение. Она, спустя неделю, призвала меня и объявила:

— Твой риваль тобою угадан; это дальний родич Ракитиных, князь и камергер. Я узнала стороной, Павлинька, его нарочито выписали, он у них гостил во время твоих исканий и помог им уехать без следа. Забудь, мон анж[1], Ирену: она, очевидно, в батюшку — гордячка; утешишься, даст бог, с другою!

Я сам был обидчив и горяч. «Бабушка права, — мыслил я, решаясь все бросить и забыть. — Если бы Ирен была с сердцем, она нашла бы случай написать мне хотя бы строку».

Помню одну ночь, когда я у себя нашел добытый у одного любителя, переписанный для Ирен и ей не отданный, гимн из «Ифигении», новой и тогда еще не игранной оперы Глюка. Я со слезами сжег его.

После долгих душевных страданий и отчаяния, я уехал из родных мест. Прощание с бабушкой было трогательным. Оба мы как бы предчувствовали, что более не увидимся.

Аграфена Власьевна в тот же год, без меня, простудилась, говея в ближнем монастыре, недолго хворала и умерла. Я остался на свете одинок, как былинка в поле.

Покинув Концовку, я некоторое время скитался в Москве, где имел

---

[1] мой ангел (фр.)

доступ в семейство графов Орловых, потом в Петербурге, все допытываясь о родичах Ракита — на, живших за Окой, все надеясь еще перекинуться вестью с изменницей Ирен, — никто мне о них не дал сведений. Мой отпуск еще не кончился; я был свободен, но уже ничто меня не манило в свете. Что оставалось делать, предпринять?

Вести с юга, из-за моря, между тем, наполняли в то время все умы. Было начало турецкой войны. Счастливая мысль меня озарила. Я обратился в коллегию морских дел и стал хлопотать о немедленном своем переводе на эскадру в греческие воды. Мне помог граф Федор Орлов, давший рекомендацию к графу Алексею, командиру нашего флота в Средиземном море. Как я прибыл туда и что испытал, не буду рассказывать. Повторяя имя, некогда мне дорогое, я кидался во все опасности, искал смерти в Специи, под Наварином и Чесмой.

— Ариша, Ариша, что сделала ты со мной и за что? — твердил я. — Боже! когда бы скорей конец жизни!

Но смерть не приходила; вместо того, я был схвачен и, после славной Чесмы, попал в долговременный плен в Стамбул.

Навещавший меня мулла становился все ласковее, а рядом с тем и настойчивее. Мы виделись ежедневно и подолгу беседовали. Иногда он сердил меня, даже приводил в бешенство, а порой был забавен. И я в шутку склонял его, для компании, отступить от заповедей пророка, которые он мне с таким жаром объяснял, просил его выпить со мной, — и сам для этого пил; мой учитель, делать нечего, в угоду мне, стал усердно пробовать приносимого мне хиосского и иного вина. Наши свидания не прекращались. Мы говорили о Востоке, о России и иных делах.

Однажды — это было еще в половине лета 1774 года, в то время, когда муэззин с вышки звал к вечерней молитве народ, — мой наставник таинственно и не без злорадства спросил меня, знаю ли я, что в Италии проявилась нежданная и опасная соперница царствующей нашей императрице Екатерине, могучая претендентка на российский престол?

Я был удивлен и некоторое время молчал. Мулла повторил сказанное. На мой вопрос, кто эта претендентка, он ответил:

— Тайная дочь покойной императрицы Елисаветы Петровны.

— Это вздор, — вскричал я, — бессмысленная сплетня ваших базаров! Мулла обиделся, его глаза сверкали.

— Не сплетни, читай! — сказал он, вынув из-под халата истертый листок утрехтской газеты. — Лучше подумай, что ждет твою родину?

Сердце мое, преданное великой, правящей нами монархине, болезненно сжалось. Прочтя газету, я убедился, что мулла был прав: сперва в Париже и немецких владениях, а потом в Венеции действительно объявилась некая, называвшая себя «всероссийской княжной Елисаветой». Претендентка, по слухам, собиралась в ту пору к султану, искать защиты своих прав в его армии, воевавшей с нами на Дунае. Мулла посидел и вышел, поглядывая на меня.

Узнанные вести сильно опечалили меня.

«Как? — рассуждал я. — Судьбе мало было наслать на нас страшный бунт Пугачева, о котором я слышал в плену, — туркам являлась еще и эта помощь! Тот разорил, сжег и обездолил Поволжье, эта собирается пустить огонь и смуту с юга!»

Я выходил из себя. Шагая из угла в угол по тюрьме, я стал у окна, схватился за его решетку и, потрясая ее, готов был грызть железо.

— Крылья мне, крылья! — молил я бога. — Улететь бы к родному флоту, предупредить верного государыне графа Орлова, все ему передать…

И совершилось по моей мольбе в те дни чудо. Не забыть мне вовек испытанного.

Придумывая тысячи способов вырваться, бежать, я остановился на мысли прежде всего изготовить как-нибудь ключ, чтоб отомкнуть тяжелые цепи. Обточив о дно глиняного кувшина вырванный из стены полусломанный гвоздь, на котором вешалась одежда, я из него с большим трудом выпилил о камень задуманный ключ. Радость моя, когда в первую же ночь я отомкнул, снял цепи и заснул без них, была неописанная. Утром я опять надел цепи, а ключ спрятал в расщелину стены. Мое решение было: освободившись быстро от цепей, убить ими ренегата-муллу, незаметно выйти из тюрьмы и бежать. Но куда? Об этом я делал тьму разных предположений.

Господь, правящий сердцами, избавил меня от напрасного греха. Мулла, заходя ко мне, по-прежнему попивал вино, присылаемое мне в изобилии, вероятно, по его же ходатайству. Время наступило. Выбрав вечер, я решился сказать мулле, что внял его мудрым наставлениям и что готов перейти в ислам. Он пришел в восхищение и на радостях так усердно приложился к кувшину с хиосским, что совсем охмелел и начал дремать.

Я не переставал его потчевать.

— Нет, — повторял он, — не могу, не пропустить бы молитвы; заметят, донесут…

Я ему еще налил. Он, лукаво щурясь и грозя, опорожнил еще кружку, скоро зашатался, прилег и, напевая какую-то болгарскую песню, крепко заснул. Попробовал я его толкать, не слышит, снял с него туфли, расписанный халат и чалму, оделся в них, — он лежал как убитый.

7

Мы были с ним почти одного роста; борода в заточении у меня отросла большая, как и у него, была только светлее.

«Боже! Неужели? — думал я в радостном содрогании. — Неужели свобода?»

Надвинув на глаза огромную белую чалму и набожно склонясь, я тихо, с четками в руках, как бы шепча молитву, вышел из тюрьмы, сделал несколько шагов по двору. Часовые у крыльца и в воротах мечети, молча прохаживаясь с мушкетами на плече, не узнали меня в сумерках и пропустили.

Шум улицы меня смутил, я было растерялся, но оправился. Не спеша, добрел до берега, махнул перевозчику, сел в первую подплывшую шлюпку и, еще более склонясь, молча указал на один из близ стоявших давно мною из окна намеченных, иностранных кораблей.

То была готовая к отплытию одна из торговых французских шкун. Я узнал ее по флагу.

4

Бравый, смуглый красавец-француз, командир шкуны, не замедлил оправдать имя великодушной нации, к коей он принадлежал. Узнав во мне русского моряка, он взглянул на меня, помолчал и тихо спросил:

— Не Концов ли вы?

— Почему вы так думаете? — спросил я в тревоге.

— О, я бы желал, — ответил он, — чтобы это было так. Храброго Концова мы все жалели и справлялись о нем… Я был бы счастлив, если бы мог ему служить.

Делать нечего, я решился назвать себя. Капитан очень обрадовался. Он свел меня в каюту, обещал заплатить лодочнику, но для безопасности велел поднять его на борт с лодкой и дал знак готовиться к поднятию якоря и парусов. Ночью шкуна двинулась. Ветер был свежий, попутный, и к утру мы были от Стамбула далеко. Моего перевозчика отпустили обратно где-то на пути.

Мулла, очевидно, долго спал. Погони не было. Лодочник, получив обещанное и вдобавок — платье муллы, в котором я бежал, поневоле должен был молчать. Французы дали мне подходящую одежду, весьма щедро снабдили в складчину деньгами и любезно предлагали мне высадиться на первый русский в итальянских водах корабль.

От капитана шкуны я, между прочим, по пути узнал, что занимавшая меня таинственная российская княжна была в то время уже не в Венеции, а у турецких берегов, в Рагузе, то есть в Дубровнике, мимо которого нам приходилось плыть. Я просил высадить меня там. Французы отговаривали меня, указывая на опасность очутиться снова близ турок; я настаивал на своем.

Отблагодарив моих добрых спасителей, не хотевших даже взять с меня расписки в данной мне ссуде, я с трепетом ступил на берег Рагузской республики, где вскоре осведомился и о занимавшей меня особе.

Таинственная княжна уже владела умами всего города. Толков было много. В гостинице, где я остановился, проживали некоторые из польских и иных особ ее многочисленной свиты. Эти господа сперва меня дичились, смотрели недоверчиво; но, узнав, кто я, и предуведомленные, что, радуясь своему спасению, я немедленно направлюсь к эскадре графа Орлова, они охотно и без стеснений стали мне рассказывать о принцессе и даже предложили мне устроить у нее аудиенцию.

— Но кто же она и где до сих пор проживала? — спросил я свитских княжны.

— Она родная дочь вашей покойной императрицы Елисаветы от ее тайного брака с графом Разумовским, — отвечали мне, — в детстве была увезена к границам Персии, потом под чужими именами проживала в Киле, Берлине, Лондоне и в других городах. В Париже именовалась принцессой Азовской, dame d'Azov, в Германии и здесь, в Рагузе, именуется принцессой Пиннеберг. Сообразите, ведь это ваша царица Елисавета Вторая — кровь великого Петра… Немецкие и иные принцы сватались за нее; французский двор ей здесь устроил помещение в доме своего консула и готов ей оказать всякую поддержку.

Смутили меня эти вести.

«Киль, Берлин! — думал я. — Киль — в Голштинии; он играл такую роль в судьбе дочерей Великого Петра: бывшей там замужем Анны и Елисаветы, выписавшей себе оттуда наследника, Петра Третьего. Неужели в Петербурге этому не придают значения? и что у нас предпримут, если дознаются о такой претендентке?»

Поляки меня повели к графине Пиннеберг.

Я принарядился, обрил как следует бороду и усы, напудрился, припомадился, завился. Меня радушно встретили в доме графини. Ее гофмаршал, барон Корф, ввел меня с церемонией в ее приемный салон. Я оглянулся: просторная комната была обита голубым штофом, мебель была покрыта розовым атласом. Не успел я опомниться, раздались шаги и веселый сдержанный говор.

В приемную вошла княжна Елисавета, окруженная нарядною свитой.

9

После я узнал, что это были: знаменитый в то время, ее близкий друг, князь Радзивилл, прозванием «пане-коханку», — в синем бархатном кафтане, усыпанном алмазами, рядом с ним — его сестра, красавица графиня Моравская, и княгиня Сангушко; за ними — в пунцовом с золотом кунтуше граф Потоцкий — глава сплотившейся против нас польской конфедерации; поодаль надменный и богатый староста Пинский, граф Пржездецкий, возле него — влиятельный из молодежи-конфедератов, рубака и дуэлист Чарномский и несколько известных радзивилловских офицеров. Потоцкий и Пржездецкий были в лентах и звездах.

Княжна, как я приметил, была одета в тафтяном палевом с золотом платье, род амазонки, с флеровой, поверх нее выкладкой, в белой круглой шляпе с черными страусовыми перьями, в розовой мантилье, отделанной по краям блондами, с крошечными, в дорогой оправе, пистолетами у пояса и с хлыстом в руке. Она собиралась на прогулку верхом.

Польские гордые магнаты говорили княжне «ваше высочество», а когда она садилась, перед ней стояли и на ее вопросы отвечали, так низко пригибаясь, будто становились на колени.

Не скрою, меня поразил вид княжны. Я увидел перед собою в полном смысле обворожительную красавицу — лет двадцати трех — четырех, роста выше среднего, статную, из себя стройную, сухощавую, с пышными светло-русыми волосами, белолицую, с ярким румянцем и в веснушках, которые так к ней шли. Глаза у нее были карие, открытые и большие, а один слегка, чуть заметно, косил, что придавало ее оживленному лицу особое, лукавое выражение. Но что главное, я в детстве и в возрасте хорошо насмотрелся на портреты покойной императрицы Елисаветы Петровны и, взглянув теперь на княжну, нашел, что она с покойницей значительно схожа.

Мое смущение радостно заметили. Княжна ласково сказала мне по-французски несколько приветливых слов, допустила меня к своей руке и, кончив церемонный, по этикету, прием, взглядом отпустила свою свиту, а мне указала стул. Мы остались наедине.

5

После некоторого обмена мыслей — мы говорили по-французски, причем у княжны иногда вырывались и итальянские восклицания, — оба мы в понятном смущении замолчали.

— Вы русский офицер, моряк? — спросила меня княжна.

— Так точно, ваша... ваша светлость, — ответил я, не зная, как был должен ее именовать.

— Мне известно, вы отличились, ваше имя прогремело при Чесме, — продолжала она. — Вы, наконец, так долго страдали в плену.

Я, смешавшись, молчал, она тоже.

— Послушайте, — проговорила она с чувством, и до сих пор я слышу этот нежный, обаятельный, грудной голос, — я русская княжна, дочь вашей, когда-то любимой императрицы: не правда ли, мою мать, дочь Великого Петра, так любили? Я, по крови и по завещанию, ее единственная наследница.

— Но у нас ныне царствует, — решился я возразить, — не менее всеми любимая монархиня — великая Екатерина.

— Знаю, знаю! — перебила княжна. — Могучая и чтимая народом ваша нынешняя государыня, и не мне, слабой, всеми брошенной, оторванной от царского дома и от родины, вступать с нею в спор. Я первая преданная ей раба.

— Чего же вы ищете, ждете? — спросил я удивленно.

— Защиты и уважения моих прав.

— Простите, — возразил я, — но прежде надо доказать ваше происхождение и ваши права.

— Вам доказательств? Вот они, — произнесла принцесса, живо вставая и открывая на угловом столике небольшой, обделанный серебром и черепахой баул. — Это завещание моего деда Петра Первого, а это духовная моей матери — Елисаветы.

Княжна развернула и подала мне французские списки названных ею бумаг. Я бегло их просмотрел.

— Но это копии, притом в переводе, — сказал я.

— О, будьте спокойны, подлинники в верных руках... Не могу же я возить с собою такие документы, рисковать! Мало вам этого — взгляните, — проговорила, полуоборотясь, принцесса.

Она указала на простенок над софой. На голубом штофе обоев, против окна, у которого мы стояли, висели два больших, в круглых рамах, портрета, писанных масляными красками. Один весьма удачно изображал покойную государыню Елисавету Петровну с небольшою короною на голове; другой — стоявшую против меня княжну.

— Не правда ли, схожи? — спросила она, вглядываясь в меня.

— Сходство есть, это правда, — ответил я. — Я это заметил, едва вошел и вас увидел; позвольте узнать, давно ли снят ваш портрет?

— В этом году, в Венеции... Знаменитый Пьячетти снимал портрет моего жениха — князя Радзивилла, при этом упросили сняться и меня.

11

— Дивные события! — произнес я в невольном смущении. — Является невообразимое, встают из гроба мертвецы: за Волгой — давно въяве похороненный император Петр Третий, здесь — никем не жданная и не гаданная дочь государыни Елисаветы.

— Не смешивайте меня с Пугачевым, — возразила, слегка покраснев, княжна, — хотя он и выдает себя за императора, чеканя монеты с надписью: «Redivivus et ultor» — воскресший мститель, — но он пока… лишь мой в том крае наместник.

— Как? — удивился я. — Так и вы подтверждаете, что он самозванец?

— Не спрашивайте, кто он, — загадочно ответила княжна, — после узнаете обо всем… еще не пришло время. Теперь в его власти уже многие города: Казань, Оренбург, Саратов, вся страна по Волге. Его прошлого не знаю. Бог ему судия… Но я действительно дочь императрицы Елисаветы, двоюродная сестра бывшего императора Петра Третьего.

— Кто же ваш отец? — решился я спросить.

Княжна помолчала, нахмурилась:

— Неужели не знаете? Граф Алексей Разумовский, впоследствии тайный муж моей матери. Детство я провела в разъездах; оно темно и для меня. Помню юг России, глухую деревушку, откуда меня вдруг увезли. Хотели истребить малейшую память о моем прошлом, не жалели для того денег и возили меня с места на место, из страны в страну. Это, очевидно, знает граф Шувалов… Недавно, путешествуя по Европе, он пожелал видеть меня, и мы тайно виделись.

— Как! Вы видели графа Шувалова? Где? — изумился я, вспомнив, что некоторые, по слухам, и его считали ее отцом.

— Это было на водах в Спа… Друзья предупредили меня о знаменитом русском путешественнике; я не могла отказать. Вошел в комнату полный, еще замечательно красивый, богато, со вкусом одетый, пожилой человек. Он явился под вымышленным именем; говоря со мной, грустно вглядывался в черты моего лица, в мои движения и был, очевидно, внутренне взволнован. После уже я узнала, что это бывший фаворит покойной моей матери, некогда могучий Иван Шувалов. Почему он казался так смущен — не знаю. Не мне, согласитесь, это решать. Смерть матери унесла в могилу эту, как и другие, тайну.

Княжна смолкла. Молчал и я.

— Чьей же защиты, чьей помощи ищете вы? — решился я спросить, подавляемый разнообразными ощущениями.

6

Княжна спрятала бумаги в шкатулку, заперла ее, поставила на место, взяла веер и снова села, поглядывая в окно.

— Готовы ли вы мне пособить? — спросила она решительно, в ответ на мой вопрос.

Я не нашелся, что ответить.

— Готовы ли вы оказать мне, в случае надобности, вашу поддержку?

— Какую?

— Вот видите ли... Если императрица Екатерина захочет по совести и без спора мирно поделиться со мной, — произнесла медленно и с уверенностью княжна, — я готова сделать для нее все... Отдам ей Север, с Петербургом, балтийскими провинциями и со всею московской областью; себе возьму Кавказ, вообще юг... я люблю юг... и часть востока. О, верьте, я буду свято чтить мирный раздел, буду всем довольна; населю и устрою мои родовые страны — увидите... я мастерица... И, разумеется, прежде всего восстановлю Украину и Польшу... Ведь вы украинец? Не правда ли? — спросила она, заглядывая мне в глаза. — И я жила в детстве на Украине... Если же Екатерина заспорит, — проговорила она, сдвинув брови, — мне остается добывать мои права силой. Я собираюсь в Стамбул, к султану; он ждет меня. Я явлюсь среди его войск за Балканами, у Дуная, перед армией Екатерины. И я ей отплачу — при этом многие мне помогут, в том числе все недовольные... например, командир эскадры — Орлов... Что скажете о нем?

— Орлов? — спросил я с нескрываемым изумлением.

— Да, он! Удивляетесь? — помахивая веером и смело глядя на меня, ответила княжна. — Как об этом вы думаете?

— Не могу, ваша светлость, не высказать крайнего сомнения, — ответил я, — ведь это детские грезы. На чем вы основываете возможность со стороны графа такой, извините, измены?

— Измены? — вскричала, вспыхнув, княжна. — Впрочем, вам простительно... вы были в плену, многого не знаете.

Она самодовольно улыбнулась, судорожно обмахиваясь веером.

— Власть и значение Орловых пали, — продолжала она, — входят в силу их тайные непримиримые враги — Панины... Любимец императрицы, Григорий Орлов, да будет вам известно, заменен другим; он в огорчении, прервал переговоры с султаном, которого почти победил, и ускакал с Дуная в Петербург. Но его не допустили ко двору и сослали в Ревель. Удивляетесь? Знайте более... Ваш начальник, граф Алексей

Орлов, обиженный за брата, не скрывает своих чувств, готов отомстить и, без сомнения, может быть мне очень полезен. Видите ли, какие новости. Я уже послала графу Алексею письмо и небольшой манифест.

— Манифест? О чем?

— Если Орлов решит стать на мою сторону, я предлагаю ему объявить эскадре мой манифест, принять меня и провозгласить мои права.

— Но это невозможно, простите, — пытался я возразить, — ваш поступок смел, но необдуман…

— Почему? — удивленно спросила княжна. — Недовольные ищут возмездия; забытые, брошенные — отплаты. Это общая участь. А что обиднее пренебрежения прежних, всеми признанных заслуг?.. Ведь Орловым, кто же этого не знает, Екатерина обязана троном.

Княжна встала, прошлась по комнате и распахнула окно. Ей было душно. Она вновь и с подробностями заговорила о надежде вступить при помощи флота в Россию и не слушала моих возражений. Ничто, казалось, не могло ее разубедить.

Мне стало ясно, что эта избалованная, своенравная и подобная раскаленной лаве под пеплом женщина могла своею смелостью помериться с любым из отчаянных мужчин.

— Вы сомневаетесь, удивлены? — нервно вздрагивая, вскрикнула она. — Спрашиваете, почему я так верю в успех своего дела? Неужели не знаете?.. Мне уже сочувствуют многие ваши соотечественники, с некоторыми я уже давно переписываюсь… Но вы — первый русский, таких достоинств человек, которого я вижу в настоящей моей доле… Я этого не забуду, этим дорожу… Верьте, я выйду из ничтожества, тьма рассеется… Разве вам неизвестно, что Россия истомлена войнами, рекрутскими наборами, пожарами, чумой? Вам ли не знать, что народ разоряют непомерными налогами, что за Волгой еще свирепствует ужасный, кровавый бунт? Ваше войско дурно одето и еще хуже кормится… Все недовольны, ропщут… Ужели вам, лейтенанту русского флота, это новость? Да, народ обрадуется мне, а войско встретит прирожденную русскую княжну Елисавету Вторую с торжеством, как когда-то встретили Екатерину.

Меня возмущало это ребяческое, слепое легкомыслие.

— Пусть так, но говорите ли вы по-русски? — решился я спросить.

Княжна смутилась.

— Не говорю, поневоле забыла, — ответила она, закашлявшись, — в детстве, трех лет, меня увезли из Малороссии в Сибирь, где чуть не отравили, оттуда в Персию; я жила у одной старушки в Испагани и с нею уехала в Багдад, где по-французски меня учил некто Фурье… Где тут было помнить родный язык?

Я сидел с потупленными глазами.

— И разве Дмитрий-царевич, признанный всею Москвой, говорил по-русски? — надменно спросила меня принцесса. — Да и что может доказать язык? Дети так легко изучают и забывают всякую речь.

— Дмитрий говорил с малорусским акцентом, — ответил я, — но зато ведь он и был… самозванец.

— Gran Dio![2] — вскричала и, с новым кашлем, рассмеялась принцесса. — И вам не стыдно повторять эту сказку? Слушайте и помните мои слова…

Принцесса откинулась на спинку кресла. Багровые пятна выступили на ее щеках.

— Дмитрий был настоящий царевич, — проговорила она с убеждением, — да, настоящий царевич, спасенный от убийц Годунова хитростью близких, чудом, как и я спаслась от яда, данного мне в Сибири. Вы этого не знали? Подумайте получше. О, синьор Концов, говорите ваши сказки другим, а не мне, знакомой и на чужбине с летописями моего дома. За меня сватался персидский шах, — но я отказала, он вечный враг России… Меня признают — слышите ли? Должны признать! — заключила торжественно княжна, похлопывая по колену веером и снова порывисто закашливаясь, — я верю в свою звезду и потому вас смело избираю своим послом к графу Орлову. Не требую тотчас ответа: подумайте, взвесьте мои слова и скажите ваше решение. Вы, повторяю, первый русский в почтенном военном звании, встреченный мной на чужбине! Вы также страдали, также чудом спаслись от плена. Может быть, для того вас, как и других, сберегла и послала мне судьба.

Сказав это, княжна встала и величественным поклоном показала мне, что аудиенция кончена.

7

«Что это? Кто она? Самозванка или впрямь русская великая княжна?» — рассуждал я, в неописанном смущении оставив комнату принцессы и смело проходя среди почтительно и важно кланявшихся мне особ ее свиты.

У крыльца я приметил несколько оседланных, убранных в бархат и

---

[2] Великий боже! (ит.)

перья верховых лошадей. Войдя же в гостиницу, я услышал конский топот, взглянул в окно и увидел княжну, лихо скакавшую, в кругу близких, на белом, красивом коне. Кавалькада пронеслась на прогулку в окрестности Рагузы.

Несколько дней меня не оставляли самые тревожные мысли. Я почти не покидал комнаты, ходил из угла в угол, лежал, писал письма, опять их разрывал и думал: «Как мне, ввиду моей присяги и долга службы, поступить с предложением загадочной княжны?»

Однажды ко мне зашел ее секретарь Чарномский. Это был молодцеватый и изысканно разряженный, лет сорока, человек, некогда богач, дуэлист и волокита, промотавший состояние на карты и дела конфедерации. Он сохранил светские манеры, был надменен и вкрадчив и, по слухам, служил княжне, будучи в нее тайно влюблен. В разговоре о ней он пустился в похвалы ее великодушию и отваге, клятвенно подтверждая сведения о ее прошлом, и возобновил просьбу — помочь ее делу.

— Да чья же она дочь? Кто ее отец? — спросил я довольно резко. — Вы говорите столько в ее пользу; но нужны доказательства; ведь это все так сомнительно...

Чарномский вспыхнул и несколько мгновений молчал. Мне показалось в то время, что этот завитой и распомаженный, по моде — в женских, брильянтовых сережках, ганимед княжны, был нарумянен.

— Какие сомнения, боже! Да ее отец, помилуйте, разве сомневаетесь? граф Алексей Разумовский! — произнес, овладев собою, тонкий дипломат. — Извольте, пане лейтенант, я вам подробно все сообщу. Видите ли, у императрицы Елисаветы, от тайного брака с графом, было несколько детей.

— Все это басни, этого никто не знает в точности, — ответил я.

— Разумеется, дело щекотливое и держалось в большой тайне, — продолжал Чарномский, — вы правы: где всем это знать? Но я говорю из верного источника. Куда делись прочие дети и кто из них жив — неизвестно... Княжна же Елисавета, ребенком двух лет, была увезена к родным Разумовского, казакам Дараганам, в их украинское поместье, Дарагановку, которую народ, земляки новых богачей, окрестил по-своему, в Таракановку. Царица-мать, а за ней приближенные, слыша такое имя, в шутку прозвали девочку Тьмутараканской княжной... Ее сперва не теряли из виду, осведомлялись о ней, снабжали чем нужно, а потом, особенно с ее переездами, ее потеряли из виду и наконец о ней забыли.

Слово «Таракановка» заставило меня невольно вздрогнуть. В моих мыслях мелькнуло нечто знакомое, мое собственное далекое детство, родной хутор Концовка и покойная бабушка Аграфена Власьевна, знавшая многое о былом и нынешнем дворе, о чудном случае с лемешевским

16

пастухом, нежданно ставшим из певчего Алешки Розума — графом и тайным, обвенчанным мужем государыни, о восшествии на престол новой царицы, о покушении Мировича и о прочем. Через него и мой дед, Ираклий Концов, сосед Разумовских по селу Лемешам, был снискан милостями, отмечен по службе и умер в чинах.

Вспомнил я при этом и еще одно смутное обстоятельство. Мы ехали как-то с бабушкой, это было в моем отрочестве, на именины к родным. Путь лежал в деревушку за Батурином, резиденцией гетмана Кириллы Разумовского. Был тихий, летний вечер. Мы разговаривали. Из открытой коляски, в стороне от дороги, в сумерках, виднелись огромные вербы, несколько разбросанных между ними белых хат и ветряных мельниц, а над вербами и хатами — верхушка церкви. Бабушка перекрестилась, задумалась и тихо, как бы про себя, вдруг произнесла тогда:

— Тараканчик.

— Что вы сказали, бабушка? — спросил я.

— Тараканчик…

— Что это?

— А вот что, мон анж Павлинька! — ответила она. — Здесь когда-то, в этом вот селе, обреталась одна секретная особа, премиленькое, полненькое и белое, как булочка, дитя, только недолго пожило оно и, куда делось, — неведомо.

— Кто же она? — спросил я.

— Красная шапочка, — вполголоса ответила бабушка. — Видно, и ее, тьмутараканскую княжну , как в сказке, съели злые, бессердечные волки.

Больше Аграфена Власьевна не говорила и я ее не расспрашивал, считая, что и впрямь девочку съели волки.

Теперь мне ясно вспомнилась и эта зеленая, в вербах, Таракановка, и бабушкин мимолетный рассказ. Век был чудесный, и всяким дивам в нем можно было верить.

— Что же, решаетесь, пане? — спросил меня Чарномский, видя, что я задумался и молчу.

— Объясните, — ответил я, — какой именно услуги желает княжна от меня?

— Одного, пане лейтенант, одного — проговорил, вставая и низко кланяясь, вкрадчивый посол. — Отвезите графу Орлову письмо ее высочества, — в этом только и просьба… И скажите графу, как и где вы видели всероссийскую княжну Елисавету и с каким нетерпением она ждет от него извещения на первое свое письмо и манифест. От исхода вашей услуги будут зависеть ее дальнейшие действия, поездка к султану и прочее.

Чарномский вынул и подал мне пакет.

— Только в этом и просьба! — повторил он с новым поклоном, заискивающе взглядывая на меня большими, серыми, умоляющими глазами.

Обсудив дело, я понял, что отказываться не следует, и принял письмо. Долг службы требовал все довести до сведения графа, а как он решит, это уже его дело.

— Извольте, — сказал я, — не знаю, кто ваша княжна, но ее письмо я в исправности передам графу.

Подождав попутного корабля, я еще раз представился княжне, простился с нею и оставил Рагузу в день замечательного, пышно-сказочного праздника, данного княжне князем Радзивиллом.

Об этом празднике долго потом говорили газеты всей Европы. Сумасбродный и расточительный князь, влюбленный в княжну, давно на нее сорил деньгами, как индийский набоб. Здесь он превзошел себя. Долго пировали. Драгоценные вина лились. Гремела музыка, стреляли в саду пушки и был сожжен фейерверк в тысячу ракет. А в конце волшебного, с маскарадом и танцами, пира, пане-коханку вдруг объявил, что танцы должны длиться до утра и что с зарей все пирующие, для прохлады, увидят настоящую зиму и будут развезены по домам не в колясках, а на санях…

Гости утром вышли на крыльцо; все ближние улицы, действительно, были белы, как зимой. Их густо усыпали наподобие снега солью; и веселая, шумная гурьба масок среди новых пушечных залпов и криков проснувшихся горожан была под музыку, действительно, развезена по домам на санях.

Я уехал, ломая голову над вопросом, действительно ли княжна — дочь покойной императрицы Елисаветы и верит ли она сама тому, что говорит, или разглашает вымышленную сказку? Сколько я помнил выражение ее лица, в нем, особенно в глазах, мелькали какие-то черточки, что-то неуловимое, как бы некое, чуть приметное колебание и в то же время что-то похожее на надежду. Везя сведения о ней и ее письмо, я действовал во имя долга офицера, подкупленный и некоторою жалостью к ней, как к женщине.

8

Корабль высадил меня в Анконе. Отсюда я поспешил в Болонью, где, по слухам, в то время находилась штаб-квартира командующего эскадрой.

Граф Алексей Григорьевич Орлов, хотя и победитель при Чесме, в душе недолюбливал моря и, сдав ближайшее заведование флотом старшему флагману, контр-адмиралу Самуилу Грейгу, большую часть времени проживал на суше. К подчиненным он был отменно ласков и добр, любил простые шутки и, окруженный царскою пышностью, был ко всем внимателен и доступен.

Мне была памятна жизнь графа в Москве до последней кампании в греческие воды, прославившей его имя. Орловы были не чужды моей семье. Покойный мой отец был их сослуживцем в оны годы, и я, проездом из морских классов на родину, не раз навещал их московский дом. Граф Алексей Григорьевич был в особенности любимцем Белокаменной. Исполинская, пышущая здоровьем фигура графа Алехана, как его звали в Москве, его красивые греческие глаза, веселый беспечный нрав и огромное богатство привлекли в его гостеприимные хоромы все знатное и незнатное Москвы.

Дом графа Алексея Григорьевича, как теперь помню, находился за Московской заставой, у Крымского брода, невдали от его подмосковного села Нескучного.

Москвичи в доме графа любовались гобеленевскими обоями, на диво фигурчатыми изразцовыми печами с золочеными ножками, собранием древнего оружия и картин. Его городской сад был украшен прудами, бассейнами, беседками, каскадами, зверинцем и птичником. А у графских ворот, в окне сторожевого домика, висела клетка с говорящим попугаем, который выкрикивал перед уличными зеваками:

— Матушке царице виват!

На баснословных пирах графа Алексея Григорьевича, за столом, под дорогими лимонными и померанцевыми деревьями его теплиц, по слухам, нередко садилось по триста и более особ.

Русак в душе, граф любил угощать гостей кулачными боями, песенниками, борцами, причем и сам мерился силой. Он гнул подковы, завивал узлами кочергу, валил за рога быка и потешал Москву особыми шутками.

Так однажды, в осмеяние возникшей страсти щеголей к лорнетам и очкам, он послал на гулянье первого мая в Сокольники одного из своих приживальцев. Одетый наездником последний, среди гуляющих юных модников, стал водить чалого хромого мерина, на глазах которого были огромные, оправленные жестью очки, с крупною надписью на переносице: «А ведь только трех лет!»

Но более всего граф привлекал к себе внимание на диво составленною псовою охотою и своими рысаками. Ни одна лошадь в Москве не могла сравниться с скакунами графа, смесью арабской крови с английскою и фрисландскою.

На конском бегу, перед домом у Крымского брода, граф Алехан зимой, как теперь его вижу, на крохотных саночках, а летом на дрожках-бегунцах собственноручно проезжал свою знаменитую, белую, без отметин Сметанку или ее соперницу, серую в яблоках, Амазонку.

Народ гурьбой бежал за графом, когда он, подбирая вожжи, в романовском тулупчике или в штофном халате, появлялся в воротах на храпящей белогривой красавице, покрикивая трем Семенам, главным своим наездникам: Сеньке Белому — оправить оцененную уздечку, Сеньке Черному — подтянуть подпругу, а Сеньке Дрезденскому — смочить кваском конскую гриву.

Граф был игрив и на письме.

Все знают его письмо о славной чесменской победе к его брату Григорию:

«Государь братец, здравствуй! За неприятелем мы пошли, к нему подошли, схватились, сразились, разбили, победили, потопили, сожгли и в пепел обратили. А я, ваш слуга, здоров. Алексей Орлов».

Это письмо ходило у нас в копиях по рукам.

Прирожденному гуляке, кулачному бойцу и весельчаку, графу в прежние годы, до войны, никогда и во сне не снилось быть моряком. Он даже к командованию флотом в Италии явился по сухому пути. Говорили о нем много при восшествии государыни на престол. После Чесмы заговорили еще более. Для многих он был загадкой.

На смотры и свои парадные, по-придворному, приемы Алексей Григорьевич являлся с пышностью, в золоте, алмазах и орденах. Между тем, на гулянья, как в Париже, выезжал вдруг среди чопорной, гонявшейся за ним знати не только без пудры и в круглой мещанской шляпе, но даже в простом кафтане, из серого и нарочито грубого сукна. Я, как и другие, мало угадывал внутренние побуждения графа и часто от его слов недоумевал. Претонкий, великого ума был человек.

Я горел нетерпением снова после столь долгой разлуки увидеть графа, хотя данное мне поручение княжны сильно меня смущало. Перед выездом из Рагузы я письменно предупредил графа о своем избавлении от турок и сообщил, что везу ему вести о некоей важной, случайно открытой и виденной мною особе. Долго длилось мое странствие по Италии; в горах я простудился и некоторое время пролежал хворый у одного сердобольного магната.

Наконец я добрался до Болоньи.

Не без трепета, отдохнув с дороги и переодевшись, я приблизился к роскошному графскому палаццо в Болонье, узнал, что граф дома, и велел о себе доложить. За долгую неволю в плену можно было ожидать доброго привета и награды, но я был в сомнении, как встретит меня граф за свидание и переговоры, без разрешения начальства, с опасною претенденткою.

Могли, разумеется, взглянуть на это так и сяк. И если бы меня по совести спросили, как я гляжу на эту особу, я в то время усомнился бы дать искренний ответ. Доходили до меня в Рагузе кое-какие сомнительные вести о ее прошлом, о каких-то связях. Но что было за дело до ее прошлого и мало ли в какие связи она могла вдаваться, ища выхода из своей тяжкой судьбы! Да еще и были ли эти связи?

У графа меня тотчас приняли, повели рядом красиво разубранных гостиных и зал, сперва в нижнем, потом в верхнем ярусе дома.

Тридцативосьмилетний красавец богатырь, граф Алексей Григорьевич не только дома, но и в то время на чужбине любил-проводить время с голубями, до которых был страстный охотник. При моем появлении он находился на вышке своих хором, куда запросто велел лакею ввести и меня.

И что же я увидел? Этот прославленный, умный, необычайной силы и огромного роста человек, в присутствии коего все прочие люди казались быть малыми пигмеями, сидел на каком-то стульчике, у раскрытого и пыльного чердачного окошка. Пребывая здесь, от дневной духоты, в одной сорочке, он попивал из кружки со льдом какое-то прохладительное и забавлялся, помахивая платком на стаю кружившихся по двору и над крышами голубей.

— А, Кончик! Здравствуй! — сказал он, на миг обернувшись. — Что? избавился? поздравляю, братец, садись... А видишь, вон та пара, каковы?.. Эк, бестии, завились... турманом, турманом!..

Он опять махнул платком, а я, не видя, где мне сесть, стал с любопытством разглядывать его. Граф за эти годы по покое еще более пополнел. Шея была чисто воловья, плечи, как у Юпитера или бога Бахуса, а лицо так и веяло здоровьем и удальством.

— Что смотришь? — улыбнулся он, опять оглянувшись. — Голубями, видишь, тешимся, пока ты терпел у турок; здесь все глинистые да чернокромные; трубистых, как у нас, мало и не простые, брат... Да, за сто верст письма носят... диво, вот бы у нас развести... Ну, рассказывай о плене и о твоих странствиях...

Я начал.

Граф слушал сперва рассеяние, все посматривая в окно, потом внимательнее. Когда же я упомянул об особе, виденной в Рагузе, и подал от нее пакет, граф ковшиком с тарелки метнул голубям горсть зерна и, пока те, извиваясь гурьбой, слетались на выступ крыши, встал.

21

— Твои вести, любезный, таковы, — сказал он, — что о них надо поговорить толком. Сойдем с этой мачты в кают-компанию.

Мы сошли в нижний ярус дома, потом в сад. Граф по пути приоделся и приказал не принимать никого. Мы долго бродили по дорожкам. Отвечая на его вопросы, я вглядывался в выразительные, как бы вдруг затуманенные, глаза графа. Он меня слушал с особым вниманием.

— Ты хитришь, — вдруг сказал он, идя по саду. — Почему утверждаешь, что она самозванка, авантюрьера? Объяснись, — прибавил он, сев на скамью, — с чужого ли голоса ты говоришь, или убедился лично?

Я смешался, не знал, что говорить.

— Сомнителен ее рассказ о прошлом, — проговорил я, — как-то сбивается на сказку... Сибирь, отравление, бегство в Персию, сношения с владетельными дворами Европы. Как верный слуга государыни, я действовал по совести, всматривался и скажу прямо — не могу утаить сомнений.

— Согласен, — произнес граф, — об этом можно говорить так и сяк. Но вот что важно: в Петербурге о ней уже знают и пишут мне, как о побродяжке, всклепавшей на себя неподходящее имя и род.

Граф помолчал.

— Хороша побродяжка! — прибавил он как бы про себя, загадочно. — Пусть так, не спорю... Но зачем же решили требовать ее выдачи, а в случае отказа — взять силой, даже бомбардировать рагузскую цитадель? С побродяжкой так не возятся. Такую просто и без огласки поймать... навязать камень на шею да и в воду.

Холод прошел у меня по спине при этих словах графа. Я так и вспомнил приснопамятные, июньские дни...

— То-то, братец, видно, что не побродяжка, — проговорил опять граф, глядя на меня, — ты как об этом думаешь? Ну-ка, говори начистоту.

9

Удивили меня слова графа. Я невольно вспомнил сообщения княжны о падении силы Орловых, об удалении бывшего фаворита в Ревель и о возвышении их врагов. Досада ли, огорчение ли ослепляло графа или в самом деле он искренне поверил в происхождение княжны, только, очевидно, он со мной говорил не на ветер, и в его душе происходила некая нешуточная борьба.

— Простите, ваше сиятельство, мою дерзость, — сказал я, не вытерпев, — но, уж если вы повелеваете, я не утаю. Виденная мною особа действительно очень схожа с покойною императрицею Елисаветой. Кто не знает изображений этой государыни? Тот же величественный очерк белого, нежного лица, те же темные дугой брови, та же статность, а главное — эти глаза. Не могу не привести рассказа моей покойной украинской бабушки о родных Разумовского.

— Да! Ведь ты, Концов, сам батуринец! — живо подхватил граф. — Ну-ка, что же тебе говорила бабка?

Я сообщил о Дарагановке и о жившем там в оны годы таинственном дитяти.

— Так вот откуда эта Таракановка, — сказал граф, — верно, верно! И я некогда что-то слышал о тьмутараканской принцессе.

Он встал со скамьи. Волнение, видимо, охватило его мысли. Заложа руки за спину и понурившись, он медленно опять стал прохаживаться по тропинкам сада. Я почтительно следовал за ним.

— Концов, ты не мальчик! — вдруг сказал Алексей Григорьевич, обратя ко мне свои проницательные, соколиные глаза. — Дело великой, государственной важности. Будь осторожен, и не только в действиях или словах, в самих помыслах. Клянешься ли, что будешь обо всем молчать?

— Клянусь, ваше сиятельство.

— Так слушай же, помни… За все ответишь мне головой.

Граф помедлил и, устремив на меня задумчивый, в самую глубь души глядевший взор, прибавил:

— Не забывай же, меня ты знаешь… головой…

Мы прошли в конец сада, сели на другую, более уединенную скамью.

— Недолго поймать всклепавшую на себя, — сказал граф, — мало ли, всячески можно изловчиться, если приказывают. Да честно ли, слушай, обманом-то, тайком? а? притом с женщиной… ведь жалко было бы? правда?

— Как не жалко, — ответил я в простоте, — врагов следует побеждать, но открыто… иначе всяк назвал бы предателем, низким душегубцем.

Граф как-то живо при этом мигнул, точно в глазах его что-то пробежало.

— Ну да, милый, уж так-то подло… и мы с тобой не палачи! произнес он. — А из Петербурга все-таки даром не напишут, и притом, как на нас там смотрят, еще вилами писано по воде… Да что! откровенно тебе скажу: оттуда уже дважды являлись ко мне тайные послы, соблазняя и склоняя против всех вверенных мне дел… Ожидал ли ты этого? Не обидно ли, после всех моих заслуг? а?

Откровенность графа поразила меня и вместе сильно мне польстила.

23

«Вот положение сильных мира!» — думал я, искренне жалея графа. Действительное падение фавора его семьи мне уже было известно.

Алексей Григорьевич задал мне еще несколько вопросов о княжне и окружающих ее, сказал, что берет меня в свой ближний штаб, и отпустил, с приказом остаться в Болонье и ждать его зова. Я поблагодарил за внимание и откланялся.

На другой день граф уехал в Ливорно, к эскадре, и возвратился не ближе недели. Меня к нему не звали. Будучи без денег, я сильно во всем нуждался, да и скучал. Писать в Россию было некому. Прошло еще несколько дней. За мной явились.

Граф принял меня в рабочем кабинете.

— Угадываешь ли. Концов, что я тебе скажу? — спросил он, перебирая бумаги.

— Как знать мысли вашего сиятельства?

— Вот записка; получишь у казначея деньги и прежде всего уплати долги, пошли своим заимодавцам-французам... ты обезденежел на службе... а завтра едешь в Рим...

Я поклонился и ждал дальнейших повелений.

— Знаешь, зачем? — спросил граф.

— Не могу угадать.

— Пока ты странствовал и хворал, таинственная княжна, покинутая ветрогоном Радзивиллом, — сказал граф, — оставила Рагузу. Сперва она, с неаполитанским паспортом, навестила Барлетту, пожила там, а теперь под видом знатной польской дамы появилась в Риме. Понимаешь?

Я снова поклонился.

— Так вот что, — заключил граф. — Я давно перед нею виноват, не отвечал ей на два письма... да и как было, среди всяких соглядатаев, отвечать? Пытался было к ней послать эти дни доверенного человека, твоего же сослуживца по флоту, но она его не приняла. Жаль бедную, неопытна, молода и всеми брошена, без средств. Ты сумеешь увидеть ее и начнешь с нею переговоры. Я ее приглашаю сюда... Там, слышно, есть кое-кто из русских. Разузнай-ка, да главное — обереги ее от врагов и всяких влияний. Пусть доверится нам одним; мы ей окажем помощь. А насчет совести, будь спокоен, все будет исполнено от сердца и по законам справедливости.

10

Я был ошеломлен, поражен.

«Неужели граф затевает измену? — мелькнуло у меня в мыслях. — Быть не может! Знатный патриот, герой достопамятного переворота и главный пособник Екатерины не замыслит этого! Но что же у него в уме?»

Волнуемый сомнениями, я возымел смелое, дерзкое намерение — выведать сокровенные мысли графа.

В те дни, надо сказать, вдруг пошло кем-то пущенное шептанье, будто с севера прислан тайный указ, что графа отзывают, заменяя его в команде флота другим, и все его при этом поистине жалели.

— Простите, ваше сиятельство, — сказал я графу, — завтра же я еду в Рим; вы мне поручаете дело высшей важности. Если княжна согласится на наши кондиции и примет ваш зов, осмеливаюсь спросить, что может от того произойти?

— Вот ты брандер какой, водяной вьюн, — усмехнулся Алексей Григорьевич, — и все вы, моряки, таковы — все вынь да положь. А мы, дипломаты, не любим лишней болтовни. Поживешь, сам увидишь... дело покажет себя. А я верный и преданный слуга нашей государыни Екатерины Алексеевны.

— Простите, граф, великодушно, — продолжал я, — мне дается не морское, а дипломатическое дело. Я в таковых не вращался и сильно сомневаюсь... Ну, как эта особа и впрямь объявит свои права?

— О том-то я и думаю, — ответил граф. — Легко может статься, что она истинный царский отпрыск, нашей матушки Елисаветы кровь! На все надо быть готовым. Старайся, Концов: не забудутся твои услуги... И прежде всего помни, надо княжне, как женщине, помочь деньгами, вывести ее из угнетенного положения... Почем знать? И для ее величества, государыни, авось это будет приятно перед обществом. У нашей царствующей монархини сердце, ой, порою... хоть и каменное... да и она, может, сжалится, смягчится впоследствии.

Граф более и более меня поражал.

«Вот, — мыслил я, — удостоился чести, кого к себе расположил! Теперь ясно — граф не изменяет, хоть человеколюбие и увлекло его до смелого ропота и неких сильных укоризн! Влияние Орловых пало; граф, очевидно, задумал уговорить претендентку отказаться от ее прав».

Путь, указанный графом, стал мне понятен. Я собрался и уехал, с искренним увлечением в точности исполнить порученное мне дело.

Это было в начале февраля текущего, 1775 года. Кажется, так недавно, а сколько испытано, пережито.

Достигнув Рима, я отыскал графского посланца, явившегося туда ранее меня. То был лейтенант нашей же службы, как говорят, грек, а скорее полунемец, полуеврей, Иван Моисеевич Христенек. Я ему отдал порученные мне бумаги и стал его расспрашивать о предмете нашей миссии. Черный, как жук, невысокий, юркий и препротивный человек, Христенек все улыбался и говорил так вкрадчиво, а глаза чисто воровские, разом глядят и в душу, и в карман.

Я узнал от Христенека, что княжна занимала в Риме на Марсовом поле несколько комнат в нижнем ярусе дома Жуяни. Здесь она проживала в большой скрытности и недостатках во всем; за квартиру платила пятьдесят цехинов в месяц и имела всего три прислуги, ходила лишь в церковь и, кроме друга, аббата-иезуита, да, по своей хворобе, врача, не допускала к себе никого.

Христенек, присланный графом, переодетый нищим, тщетно бродил более двух недель возле двора Жуяни, ища свидания с его уединенной жилицей. Ему не доверяли и, как он ни бился и ни упрашивал прислугу, к ней не допускали. Он повел меня на Марсово поле.

Дом Жуяни стоял уединенно и особняком, в глубине двора, прикрытый спереди небольшим тенистым садом. Я подошел к двери и тихо ударил скобой. Из окна, увитого виноградными лозами, выглянула сперва не знакомая мне горничная княжны, дочь прусского капитана, Франциска Мешеде, потом видевшийся со мной в Рагузе секретарь княжны, Чарномский.

— От кого? — спросил он, с робким недоверием, оглядывая меня из-за полураскрытой двери.

Я его едва узнал; куда делась его щеголеватость и самоуверенность! Наряд на нем был приношенный, волосы не завиты, щеки без румянца, а в ушах простенькие, недорогие серьги.

— От графа Орлова, — ответил я.

— Есть письмо?

— Да вы пустите меня.

— Есть письмо? — повторил, уже принимая нахальный вид, секретарь княжны.

— Собственной графской руки, — ответил я, подавая пакет.

Чарномский схватил письмо, бегло взглянул на его немецкую надпись, как бы растерявшись, несколько помедлил и скрылся. Прошло две или три минуты. Дверь быстро отворилась. Я был впущен.

— Ах, извините, извините! — сказал, отвешивая поклоны, Чарномский. — Представьте, ведь я вас не узнал в мундире: вы так изменились; пожалуйте, милости просим… желанный гость!

Он до того изгибался и юлил, что мне показался смешным и жалким.

Княжна приняла меня в небольшой горенке, выходившей окнами в задворный, еще более уединенный сад. Здесь уже не было ни дорогих штофных обоев и бронз, как в Рагузе, ни золоченых мебелей, ни всей недавней роскоши. Сама всероссийская княжна Елисавета Тараканова, принцесса Владимирская, dame d'Azov и пленительница персидского шаха и немецких князей, лежала теперь больная на кожаной софе, прикрытая теплой, голубого бархата мантильей, и в туфлях на куньем меху. В комнате было холодно и сыро. Тощее пламя чуть мигало в камине.

Я не узнал княжны. Ее истомленное, заострившееся лицо, с ярким румянцем на щеках, было еще обворожительно. Глаза улыбались, но они уже были не те: они напоминали взор красивой, дикой, смертельно раненной серны, избегшей погони, но понимающей свой близкий конец.

— А, наконец и вы! — робко сказала она, улыбаясь. — Вы привезли ответ графа на мое письмо... я прочла... благодарю вас... что скажете еще?

— Граф ваш покорный слуга и преданный раб, — ответил я, повторяя порученные мне слова. — Он весь к вашим услугам и у ваших ног.

Княжна привстала. Оправив пышные волны светлых без пудры волос, она, осиливая смущение, дружески протянула мне руку, которую я почтительно решился поцеловать.

— Меня все, за исключением двух близких лиц, бросили, — произнесла она, сильно и судорожно кашляя в прижимаемый к губам платок, — притом я несколько некстати и приболела... это, впрочем, пустяки!.. не будем об этом говорить... Но я, право, без всяких средств... Князь Радзивилл, его друзья и помогавшие мне французы, верите ли? все меня оставила, скрылись... И все это сделалось так неожиданно, скоро... Едва ваша армия заключила мир с Турцией, услужливые магнаты-поляки бросили меня. Я им это вспомню. А теперь скажу откровенно, — прибавила она, улыбаясь, — ну, я совсем, как есть, без денег, ни байока... нечем платить доктору, за провизию; кредиторы осаждают, грозит полиция, ведь это ужас, нечем жить.

Проговорив это, княжна опять немилосердно закашлялась и устремила на меня растерянный, молящий взгляд. Прежней уверенности в нем не было и следа.

— Ваша светлость, — сказал я, выполняя данную мне инструкцию, — вот небольшая помощь, предлагаемая вам графом. Сколько здесь, я не знаю, но граф предлагает это искренне, от души.

Я вынул и подал княжне запечатанный шифром графа его кредитив на имя римского банкира Дженкинса. Она прочла бумагу, провела рукой по глазам, взглянула на меня и опять закашлялась.

— Как! — вскрикнула она, с блаженной улыбкой прижимая к груди бумагу. — И это истина, не шутка?

27

— Столь важный и высокий сановник, как его сиятельство граф Орлов, — ответил я, — в таких делах не шутит.

Княжна стремительно вскочила с софы, захлопала в ладоши, как дитя, со смехом и слезами, быстро меня обняла, вскрикнула что-то и выбежала в смежную комнату. Там послышался ее крик: «Безграничный кредит!» — и вслед за тем ее громкое, истерическое рыдание. Прислуга засуетилась. Вошел бледный, взволнованный Чарномский.

— Ее высочество так вам благодарна! — сказал он, с чувством пожимая мне руку. — Вы первый помогли, не изменили данному слову... Это так редко; княжна, впрочем, недаром колебалась — ее столько обманывали. И наши, неблагодарные, поманили ее и бросили... Граф ее приглашает в Болонью, согласится ли она, не знаю, но надо надеяться, что она решится и последует на зов графа... Она бесстрашна, предприимчива, смела, как рыцарь, и для дорогого ей дела, верьте, не побоится ничего.

— Могу ли я это сообщить графу? — спросил я.

— Подождите некоторое время... в ее положении... притом она, как видите, больна, — ответил Чарномский, — зайдите через день, через два, вам дадут знать. А пока все держите в величайшей тайне.

— Но здесь есть другие русские, — сказал я. — Они вхожи к княжне, могут ей повредить; кто они?

Чарномский, покраснев и смешавшись, искоса взглянул на меня и ответил, что об этом не знает ничего. Я удалился. Прошло несколько дней; известий о княжне не было. Мы с Христенеком бессменно сторожили в соседних австериях, поглядывая, кто посещает княжну и что будет далее. Первые дни вкруг дома Жуяни все было тихо, пустынно. Несколько раз подъезжал врач, проходила в дом какая-то женщина в черном, с черною вуалью на голове, по-видимому, монахиня. Она подолгу оставалась у княжны. Раз, под вечер, слуга к ограде дома подвел красивую, наемную карету. Из ворот, укутанная голубою мантильей, пошатываясь, вышла и села в карету женщина.

— Княжна! — сказал я Христенеку. — Надо выследить, куда поедет.

Мы крикнули извозчика и поехали следом. Карета с опущенными занавесками быстро понеслась переулками, выехала на корсо и остановилась у банкирской конторы Дженкинса. Было ясно: магический ключ графского кредитива отпирал доступ к доверчивой, смелой красавице.

Прошла еще неделя. От княжны не было известий. Я несколько простудился и сидел дома; ходивший же наблюдать Христенек объявил с досадой, что чуть ли нас преважно не провели: княжна не думала собираться в Болонью.

Она, как узнал соглядатай, расплатилась с долгами. Кредиторы и полиция, грозившие ей арестом, успокоились и более ее не осаждали. Дом Жуяни на диво преобразился. У его ворот, днем и по вечерам, толпились экипажи. Штат княжны снова увеличился. Она заняла оба яруса обширного дома Жуяни, накупила нарядов, по-прежнему выезжала, посещала гулянья, галереи картин и редкостей, принимала гостей и держала открытый стол. Кстати, в это время Рим был особенно оживлен: в нем происходили выборы нового папы, на место умершего Климента XIV.

Салон княжны по вечерам навещали известные живописцы, музыканты, писатели и духовная знать. Незнакомка в черном платье в это время почти не показывалась. Я однажды только видел ее у ворот дома Жуяни. Встретясь со мной, она отвернулась с досадой и, как мне померещилось, произнесла как бы что-то по-русски. Я рассмотрел только ее золотистые, с сильною проседью волосы и гневом пылавшие, серые, еще красивые глаза.

Из окон княжны слышались по временам звуки арфы, на которой она весьма искусно играла; толпа уличных зевак и оделяемых щедрою милостынею нищих до поздней ночи стояла у сквозной ограды ее дома, глазея во двор и оглашая криком и рукоплесканиями пышные, с кавалькадами, выезды княжны.

Я выздоровел и лично видел, как снова, то в красивых экипажах, то верхом на бешеных скакунах, она носилась по площадям и улицам, по-прежнему беспечна, нарядна и весела. Я невольно радовался за бедную, которой, как женщине, через меня была оказана такая поддержка. Одно было досадно: приставленный мне в помощь Христенек начинал намекать как бы на недоверие графа ко мне.

Рим заговорил о красивой гостье, как о ней говорили Венеция и изменившая, под конец даже ей враждебная, Рагуза. Христенек проведал, что банкир Дженкинс отсчитал ей, от имени графа Орлова, десять тысяч червонцев. Ожившая красавица мотала полученные деньги с безумною расточительностью, не помышляя, что им когда-нибудь настанет конец. Однажды и я был приглашен на ее вечер. Княжна казалась пышным солнцем среди окружающих ее звезд. Она играла на арфе с таким чувством, что я был глубоко тронут. Об отъезде, однако, не объяснила, а лишь мимоходом сказала:

— Будьте покойны, все устроится.

По совету Христенека, дня через два, я письменно напомнил княжне о графе. Ответа долго не было. Мы терялись в догадках; но вот однажды мне подали от нее записку с приглашением на свидание в церковь Санта-Мария-делли-Анджели.

Был вечер. Я тихо вошел в полуосвещенную, пропитанную запахом ладана церковь. Свечи у икон кое-где мерцали. Таинственная тишина наполняла пустынный сумрак колонн и молелен. В наиболее уединенном месте, скрытая выступом боковой молельни, с книжкой в руке, стояла в бархатной, модной накидке, под вуалью, стройная, худощавая особа. Я узнал княжну.

— Желание добра и всех благ моему отечеству, России, и всем моим будущим подданным, — сказала она, склоняясь над молитвенником, — во мне так сильно, что я решилась и принимаю приглашение графа. Прежде он меня пугал, я ему не верила, теперь верю. Видите, я сдержала слово: моим друзьям я объявила, что покидаю свет и навсегда уезжаю в отдаленный монастырь, где постригусь... Вам скажу другое.

Она помедлила, как бы собираясь с силами.

— Завтра я еду, — произнесла она с некоторою торжественностью, — только не в монастырь, а с вами к графу Орлову. Вы не предадите меня, не измените мне?

Я молча поклонился. Что я мог ей ответить — я, верный слуга государыни? Взор княжны пылал восторгом, надеждами; в нем не было колебаний и сомнений: передо мной стояла глубоко убежденная женщина, жалость к которой невольно охватывала меня.

— Итак, до завтра! в путь...

«Ну, слава богу! — подумал я. — Граф теперь ее отговорит, устроит ее».

Она крепко сжала мне руку, хотела еще что-то сказать и быстро вышла. Я также направился к порогу церкви. От урны с святой водой отделилась другая женщина. Она преградила мне дорогу. Я узнал в ней особу в черном, ходившую в дом Жуяни.

— Концов! — шепнула она с негодованием, по-русски, отталкивая меня в сторону, за колонны. — Вы... вы предатель?

— Как можете вы так говорить? Кто вы? — спросил я. — Если вы русская, назовите себя.

— Вам дела нет до моего имени; но вы в заговоре против этой особы... уговорили ее ехать... ее тянут в западню, — шептала, по-русски, в волнении незнакомка, сжимая мне руку. — Клянитесь... или вы изверг,

30

такой же злодей, как те, что научили погубить другого, такого же неповинного… в Шлиссельбурге…

Мне вспомнились рассказы бабушки о кровавой драме Мировича.

— Успокойтесь, — сказал я, — перед вами честный человек, офицер… я исполняю свой долг и убежден, что княжну ожидает только улучшение ее судьбы.

Незнакомка молча указала мне на образ богоматери.

— Повторяю, — прошептал я, — княжна в безопасности; ее доля переменится к лучшему.

Она выпустила мою руку, склонилась и тихо вышла из церкви.

Я долго следил за нею глазами, стараясь угадать, кто она и почему принимает такое участие в княжне.

12

Было двенадцатое февраля. День стоял особенно сиверкий и прохладный, хотя светлый. Княжна поместилась со свитой и слугами в несколько экипажей. У церкви Сан-Карло она раздала нищим богатую милостыню и, провожаемая толпой артистов и знати, среди гама и криков народа, бежавшего за нею и махавшего шляпами, направилась к выезду из Рима. Прописавшись в городских воротах под именем графини Селинской, она выехала на Флорентийскую дорогу. Я поскакал вперед, Христенек следом за нею.

Шестнадцатого февраля княжна приехала в Болонью. Графа не было в этом городе; он ее ожидал в своем, более уединенном, пизанском палаццо. Шумный поезд и толпа слуг княжны, в несколько десятков человек, озадачили графа. Он, впрочем, принял гостью отменно ласково и почтительно, отвел ей невдали от себя приличное помещение, окружив ее всеми удобствами и относясь к ней точно верноподданный, при посторонних перед нею даже не садился.

Наступили дивные дела. О чем граф говорил с княжной и какие повел относительно нее негоции, про то никому не было известно. Мы угадали только, и весьма скоро, что тут оказалась азартная игра в любовь.

И действительно, княжна вскорости поселилась в графской квартире; ее свита и слуги остались в ближних домах. Христенек, с приездом княжны, стал, видимо, меня оттирать и, точно вся удача была делом его рук, выдвигался вперед. Я этим с гордостью и презрением пренебрег, так как граф не мог не видеть, что лишь моему влиянию был обязан приездом сюда княжны.

Разнесся слух, что Алексей Григорьевич подарил княжне разные вещи, в том числе медальон со своим миниатюрным, на кости портретом, осыпанный дорогими камнями, и что с ее появлением даже покинул свою любимую дотоле фаворитку, красивейшую и премилую госпожу, жену богача Александра Львовича Давыдова, урожденную также Орлову.

Сомнения не было — новая очаровательница полонила сердце графа, нашего исполина. Лев влюбился в легкокрылую бабочку. Ослепленный ею, граф даже не стеснялся: ездил с нею открыто везде — на гулянье, в оперу, в церковь.

Княжна удостоила призывать и меня; расспрашивала о том, о сем и подтвердила, что доверяет мне больше всех. Граф меня осыпал любезностями. Христенек, видя снова мое предпочтение, пустился на хитрости. Хитрый грек стал жаловаться, что княжна его обидела невниманием в Риме, что он с этим не может помириться, и она, с позволения графа, поднесла ему патент на полковничий чин. Меня обошли. Я снес и эту выходку, видя довольство мною графа и княжны, чему вскоре увидел доказательство.

— Ну, Концов, — сказал мне однажды граф, — честь тебе и хвала, что ты дал мне случай угодить такой особе. Надо ей и на будущее устроить спокойное и безбедное житье. Не правда ли, что за прелесть! какой живой, обворожительный ум! Скажу откровенно, хоть бы жениться, бросить холостой удел…

— Что же, ваше графское сиятельство, — отвечал я, — за чем дело стало?

— Упирается, братец, говорит — соглашусь, когда буду на своем месте.

— То есть, как, извините, на своем?

— Не понимаешь?.. Когда будет в России, дома — ну, когда государыня смилуется и удостоит признать ее права.

— И в том есть надежда?

Орлов задумался.

— Полагаю, — сказал он, — дело возможное, только не повредили бы ей здешние друзья… Сильно следят тут за нею эти поляки и всякое иезуитство; еще, пожалуй, окормят нас, застрелят или попадешь где в переулке под наемный кинжал. Нужная для их смут особа…

Глаза графа смотрели тревожно; его открытое, смелое и умное лицо, видимо, было смущено. Сердечная страсть, как бы против его воли, ясно сказывалась в дрожании голоса и в каждом его слове.

Прошел день. Граф не расставался с гостьей.

— Вот беда, ума не приложу, — сказал он как-то, позвав меня, —

бьюсь, бьюсь, не слушает… Если бы нашелся пособник, если бы кто ее уговорил…

— В чем? — спросил я.

— Тайно обвенчаться и бежать.

— С кем?

— Со мной…

— Что вы, ваше сиятельство? Куда?

— Хоть на край света… Да, кстати, уговори ее не носить при себе пистолетов; она чуть на днях в запальчивости не убила свою служанку Франциску…

Произнеся такое признание, атлетический, красивейший из смертных богатырь граф стоял с краской в лице и с опущенными, как у влюбленного юноши, глазами, робко ожидая моего приговора. Что было ответить? Я в смущении промолчал, но и здесь, как и во всем и всегда, решил остаться его преданным и покорнейшим слугою. Дело шло о свадьбе, что же тут дурного? Женясь на ней, граф шел на зов сердца, а вместе выигрывал и в положении: роднясь с царскою кровью, обращал претендентку в скромную графиню Орлову.

…Прерываю рассказ, обращаясь к действительности, к бедному нашему фрегату. Боже, что за ужас! Истерзанный бурею «Северный орел» пять суток уносился течением неизвестно куда. Тщетно производили вычисления, промеры. Сегодня, с рассветом, мы прошли за Испанией, невдали от африканских берегов, мимо каких-то диких каменистых островов. Давали знаки. В тумане нас никто не заметил. Днем я, отбыв свою очередь, стоял на вахте. Нестерпимый, знойный береговой ветер и безбрежная ширь взволнованного, рокочущего между скал моря, корабль без мачт и руля, общее отчаяние и ни малейшей надежды спастись — вот что было перед глазами. Первый подводный камень — и все мы идем ко дну.

Ирен, далекая, ненаглядная изменница! Видишь ли ты мучения отверженного тобой, бесславно гибнущего изгнанника?

…Ночь. Снова тишина. Я опять в каюте. Господь-вседержитель! дай силы пережить хотя бы еще сутки, дописать начатое.

13

Истомленная команда уснула. Бодрствуют одни часовые да я.

Приступаю к изложению тягчайшего испытания жизни. Оно-то, это испытание, и составляет главнейший предлог настоящей исповеди, — да прочтутся эти строки тою, по чьей вине я скитаюсь на чужбине, а через то невольно помог совершиться деянию, назначенному мне быть в вечный суд и укор.

Это было в Болонье, куда переехал граф.

Княжна пожелала меня видеть, ласково попросила сесть и села сама. Вижу — опять у нее на щеках багровые пятна, глаза горят и вся она как бы вне себя.

— Лейтенант, я вам по тайности сообщу одно дело, — сказала она, оглядываясь.

— Слушаю, ваша светлость, можете во всем на меня положиться, — ответил я.

— Граф уезжает завтра утром в Ливорно. Слышали вы это?

— Знаю, — ответил я.

— Там, видите ли, произошла ссора и драка англичан-матросов с русскими, и графа туда приглашает его приятель, английский консул Дик.

— Что же, — произнес я, — дело пустое, скоро уладится, и граф возвратится.

— Он меня зовет с собой... Что если я не соглашусь и с ним не поеду? — спросила княжна. — Как вы думаете? он не бросит меня, как другие, не скроется навсегда?

— Помилуйте, — ответил я, исполняя мысли графа, — это простая прогулка; отчего бы вам и в самом деле не поехать с графом? Погода отменная, приятно провести вместе такой вояж.

— Да, — ответила она задумчиво, — хотелось бы и мне взглянуть на этот город и на ваш флот; граф так хвалит родных моряков.

— И прекрасно, за чем же дело стало? — сказал я, размышляя: «Да! задело графа за ретивое, не хочет с нею расстаться и на малый срок».

— И еще одно, — произнесла княжна, собираясь с мыслями.

Вижу, в ее глазах слезы, губы вздрагивают; она глядит на меня и будто меня не видит.

— Слушайте! — проговорила она, схватывая меня за руку. — Вы — честный человек... граф мне сделал предложение, сватается за меня... что вы скажете?

Я почтительно встал.

— От всего сердца поздравляю, — искренне ответил я, с поклоном, — ваши достоинства победили, удивительного нет.

— Не обманет он меня? Не предаст? — заговорила княжна вполголоса, опять оглядываясь, а губы, вижу, белые и вся вне себя. — Скажите мне правду, заклинаю вас, молю!.. Видите, я по вашему совету уже не ношу оружия, оно обижало его...

34

Мне пришло в голову, что в эту поездку граф мог решиться обвенчаться с нею.

— Помилуйте, ваша светлость, — сказал я и вечно буду помнить это мною сказанное роковое слово, — чего опасаетесь? Да граф в вас до безумия влюблен, мне это хорошо известно; он спит и видит, в мыслях помутился, даже хотел с вами бежать.

— Так это истина? Клянитесь вашею матерью, отцом, — произнесла она, стискивая мне руку.

— Как перед богом! Сам от него наедине слышал: он удостоил меня откровенности... А между тем, что я для него? Мелкий подчиненный, ничтожество... Он так искренне говорил...

Княжна устремила взгляд на походный, висевший в ее комнате образок спаса в терновом венке и несколько мгновений оставалась в неподвижности, как бы горячо и усердно моляся.

— Смелые только и живут! — произнесла она, вставая и выпрямляясь. — Как жену, он не предаст меня, не может предать... я еду... но помните, даром не отдам свободы и сердца... чему быть, то сбудется на днях...

Я от души вновь поздравил княжну.

— Еще слово, Концов, — остановила она меня, — скажите, да так же, как перед богом, по совести, действительно ли это тот Орлов, который помог вашей императрице взойти на престол?

— Он самый.

— Молодец, герой! — одушевленно вскрикнула княжна. — Эввива![3] Отважный Сид, Баярд! Божья искра дает таким смелость и величие души.

Я ушел, полный радости за исход дела, хотя тайная мысль шевельнулась во мне:

«А знает ли княжна о другом, последующем подвиге графа? И почему я не сказал ей об этом его тяжком, ничем не замолимом, черном грехе?»

Я исполнял долг службы, волю начальства, но вместе жалел эту женщину.

Тяжелые сомнения охватили меня, не дали в ту ночь спокойно спать.

«Долг долгом, а что если?.. Пойти утром, — шептал мне внутренний голос, — предупредить ее... время не ушло; пусть лучше и строже все обдумает и сама решит».

Чуть взошло солнце, я оделся и поспешил к дому графа. У крыльца толпился народ, подъезжали запряженные экипажи. Я протискался сквозь толпу. Граф с княжной уже сидел в коляске; в другом экипаже был Христенек, в третьем — часть прислуги.

— Садись, Концов, тебя только ждали! — крикнул граф.

_____

[3] Да здравствует! (ит.)

35

Я бессознательно сел в экипаж к Христенеку. Поезд двинулся. Утро, после небольшого дождя, было светлое, тихое.

— Что видите вы во всем этом? — спросил меня Христенек, когда выехали.

— В чем?

— Да этот-то вояж?

— Не знаю и знать не смею, — ответил я.

— Завтра быть парочке молодых, — улыбнулся он, — обвенчаются.

— Но где же церковь?

— А флотская на что? Взойдут на адмиральский корабль, там живо их и повенчают. Для того, видно, она и согласилась туда ехать…

— Так это верно?

— Еще бы, ужели не видите?.. Граф — точно на крыльях; трудно было верить, а из сказки выходит быль.

В Ливорно графа Орлова встретил командир нашей эскадры, адмирал Самуил Карлович Грейг. Ездили потом граф и княжна с визитами к нему и к консулу Дику, катались с консулом, его женой и всею компанией в окрестностях и совершили прогулку в катерах по морю, с музыкой, везде провожаемые любопытною, гонявшеюся за ними толпой.

Вечером, во второй день пребывания в Ливорно, граф с княжной были в опере. Когда они возвратились, я из сеней отведенного графу роскошного приморского палаццо приметил сходившего с графского крыльца другого проныру, тоже грека нашей службы, Осипа Михайловича Рибаса, или де Рибаса. Этот был тоже вроде Христенека, черен, как жук, но выше ростом и менее подвижен. Их у нас так и звали: жук и жуколица. Де Рибас, как я узнал, еще ранее меня и Христенека, ездил с разведками о княжне в Венецию.

— Прощай, поп, — засмеялся граф в окно де Рибасу, — не забудь только ризы…

«Риза… и почему поп?» — терялся я в догадках, стоя у мраморной колоннады крыльца, с которого был великолепный вид на голубое, безбрежное море и эскадру.

14

Двадцать первого февраля была особенно приятная, почти летняя погода. В небесах ни облачка, на море тихо и везде как-то празднично радостно.

У английского консула для графа и его спутницы был дружеский завтрак. Княжна явилась туда богато и со вкусом наряжена, бойка и весела. Куда делась хвороба: щебетала с прочими гостями, гуляла по эстраде, украшенной цветами, смеялась и беспечно шутила. Все обходились с ней вежливо и с отменным вниманием. Граф Алексей Григорьевич, услуживая спутнице, то подавал ей веер и перчатки, то заботливо брал у слуг и подносил ей прохладительное. Мы видели: он не спускал с очаровательницы влюбленных, потерянных глаз. И она как бы переродилась, поздоровела; куда делся ее болезненный вид! Ее рыцарь, укрощенный лев, был у ее ног.

— Каков наш селадон, — шепнул Христенек, поглядывая на меня. — Как на покое-то, на чесменских лаврах, не пропускает герой иных побед!

Адмирал Грейг, по природе угрюмый, сосредоточенный и важный, был несколько рассеян, сидел с опущенными глазами и, как бы не примечая никого, более молчал. Кто-то взглянул в окно. Оттуда было видно море и выстроившаяся в отдалении русская флотилия. Дамы заговорили о приятности прогулки на парусах.

— Когда же, граф, покажете ваши корабли? — спросила княжна. — В Чивитта-Веккии вы устроили примерное сражение под Чесмой, осчастливили других, не удостоите ли и нас?

— Все готово! — ответил, вставая и почтительно кланяясь, Орлов.

Общество двинулось к морю.

Мужчины и дамы спустились на берег. Граф Алексей Григорьевич был особенно почтителен к княжне. Он накинул ей на плечи шаль, взял из рук слуги ее зонтик и, развернув его над нею, шел рядом с ней, осыпая ее нежно-страстными признаниями. Стоявшие у берега зрители, любуясь его генеральским, темно-зеленым, с красными отворотами, раззолоченным мундиром и величественною осанкой, кричали «виват» и шептали:

— Вот парочка!

Все уселись в поданные шлюпки и катера; с княжной в раззолоченный, по-царски убранный катер поместились адмиральша Грейг и консульша Дик; граф сел с адмиралом, а мы — свитские — с слугами княжны.

Катера направились к флотилии. Эскадра встретила нас с особою пышностью: везде были флаги, офицеры на палубах стояли в парадных мундирах, матросы — на мачтах и реях. На всех судах заиграла приятная музыка. Волны слегка колыхались. Дальний берег был усыпан любопытствующими.

С адмиральского корабля «Три иерарха» спустили разукрашенное кресло, и в нем подняли с катера княжну, а за нею и прочих дам. Мы взошли по трапу.

Едва дамы ступили на борт, со всех сторон раздалось дружное «ура» и загремела пушечная пальба. Зрелище было торжественное. Народ, покрывавший улицы и набережную, в радости махал шляпами и платками. Все ждали, что Орлов и здесь произведет маневры с сожжением, для примера, негодного корабля. Множество зрительных труб было на нас направлено с берега. Десятки шлюпок с публикой стали отчаливать и подходили к судам.

На корабле «Три иерарха» была особая суета. Адмиральская прислуга возилась с угощением, нося на палубу вина, сласти и плоды. Потчевали и нас. В кают-компании начались танцы. Молодежь с дамами усердно танцевала контрданс и котильон. Адмиральша и консульша особенно ухаживали за княжной.

Вскоре дам пригласили в особую каюту. За ними, разговаривая друг с другом, сошли туда же граф и адмирал. Последний был как бы не по себе и несколько сумрачен.

— Будут венчать графа и княжну, — сказал кто-то из офицеров вполголоса товарищу.

Я обомлел.

— Почему же здесь? — спросил тот, кому это было сказано. — Что за таинственность и поспешность?

— Русской церкви нет ближе; адмирал уступил корабельную — княжна потому и приехала в Ливорно и на этот корабль.

Спустя некоторое время, по особому зову, под палубу спустились кое-кто из свитских, в том числе и молча переглянувшиеся, оба грека нашей службы, пронырливые и ловкие Рибас и Христенек. Мне при этом почему-то вспомнились загадочные слова графа Рибасу: «поп и риза». Духовенства на корабле, между тем, не было видно.

Палуба несколько опустела. Офицеры ходили, весело беседуя и наводя лорнеты на публику в шлюпках. Музыка на корме играла веселый марш, потом арию из какой-то оперы.

Под палубой, между тем, произошло нечто доныне в точности не известное. Одни после утверждали, что за угощением была только вновь открыто провозглашена помолвка графа и княжны и все при этом торжественно пили за здравие жениха и невесты. Другие чуть не клятвенно утверждали, будто в особой каюте для вида и в исполнение слова, данного княжне, совершилось самое венчание ее и графа и что роли иерея и дьякона при этом кощунственно играли, переряженные в церковные флотские одежды, Христенек и Рибас, первый был дьяконом, а второй — попом.

Но я забегаю вперед. Надо возвратиться на палубу «Трех иерархов».

Нет сил, сердце надрывается и перо падает из рук при мысли о том, что я здесь вскоре увидел. И где бы я ни был, останусь ли чудом господним жив или погибну в безднах волн, воспоминание об этом не умрет во мне до последнего вздоха.

Палуба оживилась. Все, бывшие в каюте, снова взошли на палубу, разместились говорливыми кучками по бортам и на рубке. Слышались остроты, смех. Слуги разносили прохладительное и вино.

Княжна сидела у борта. Поднимался ветер, свежело. Она знаком головы ласково подозвала меня к себе. Я ей помог надеть мантилью.

— Ввек не забуду! — шептала она, с восторженною, блаженною улыбкой горячо пожимая мне руку. — Вы сдержали слово; сон сбывается, я буду скоро в России, а там, отчего не надеяться?.. Провозгласят и будущую царицу Елисавету Вторую… Век чудес! Чем была давно ли сама нынешняя императрица?

Меня поразили эти слова. Я промолчал, смущенный безумным бредом ослепленной женщины.

С «Трех иерархов» в это время дали знак особым флагом. Раздались новые пушечные салюты. Загремело «ура». На всех кораблях опять заиграли оркестры.

Эскадра начала маневры.

Восхищенная общим вниманием будущих подданных, княжна, облокотясь о борт, стояла в приятной задумчивости, следя взглядом за сигнальными дымами выстрелов и за начавшимся движением кораблей. Как теперь, вижу ее в голубой бархатной мантилье, в черной соломенной шляпке и с белым зонтиком в руке.

Забылся при этом и я, рассуждая:

«Да, дело сделано! граф нашел подругу жизни, сумеет ее наставить и, вразумив, поспешит с нею к стопам милосердной императрицы».

15

— Ваши шпаги, господа! — раздался вдруг поблизости от меня громкий, настойчивый голос.

Я оглянулся.

Капитан гвардии Литвинов обращался поочередно к адъютантам и к прочей свите графа, отбирая у всех шпаги. Вооруженные матросы наполняли всю палубу. Адмирала Грейга, его жены и консульши уже здесь не было. Я в изумлении, вслед за другими, также подал капитану шпагу.

Княжна, заслышав бряцание ружей и говор, быстро обернулась. Ее лицо было бледно. Она мигом все поняла.

— Что это значит? — спросила она по-французски.

— По именному повелению ее императорского величества вы арестованы! — ответил ей на том же языке капитан.

— Насилие? — вскрикнула княжна. — На помощь!.. сюда!

Она бросилась к трапу, протискиваясь слабыми руками сквозь сомкнутый военный строй. Загорелые хмурые лица матросов удивленно и молча смотрели на нее.

Литвинов заступил ей дорогу.

— Нельзя, — сказал он, — успокойтесь.

— Вероломство! Проклятие! — бешено проговорила она. — Так поступать с женщиной, с прирожденной вашей княжной! слышите ли? дайте дорогу! — кричала она солдатам по-французски. — Где граф Орлов? позовите, ведите его... вы ответите за все!

— Граф, по приказанию государыни и адмирала, также задержан, — ответил ей, вежливо кланяясь, Литвинов, — он арестован, как и вы...

Княжна громко вскрикнула, отступила... Ее гаснущий взор заметил меня в стороне. Он с укоризной, как нож, скользнул по моему сердцу, как бы говоря: «Ты виновник, ты погубил меня...» Она пошатнулась и упала без чувств.

Матросы снесли ее в каюту.

Прислуга княжны, кроме горничной, оставленной при ней, была также арестована и, под строгим надзором, перевезена на другой корабль.

Потрясенный до глубины души всем, что произошло на моих глазах, я вне себя опомнился в какой-то полутемной корабельной каморке. Поднял голову и вижу, что взаперти со мной, под караулом, сидит и сам главный предатель, Христенек. Это меня непомерно удивило. Мой товарищ сидел, впрочем, спокойно. Развалясь и доедая что-то прихваченное из сластей, он изредка поглядывал на нашу затворенную дверь.

— Удивляетесь? — спросил он меня. — Не правда ли, ведь чудеса?

— Да, есть чему подивиться, — ответил я, насилу одолевая к нему отвращение.

— Иначе было нельзя, — сказал он.

— Почему?

— Только приманка брака и соблазнила эту искательницу приключений.

— Но для чего было играть чувствами, сердцем! — «проговорил я, не стерпев.

— Иначе ее не заманили бы на флот.

— Были другие способы, — возразил я. — Мне известно, граф клятвенно признавался ей в любви, а, став его женою, она и без того охотно доверилась бы нашей эскадре.

— Эх, любезный Концов, — простота! — проговорил с улыбкой грек. — Ужели, извините, ранее не угадали? Да в то именно время, когда граф играл с княжной в самые нежные амуры, я, под его диктант и от его имени, писал государыне, что здесь, для уловления этой авантюрьеры, решились на все — хоть, без дальнейших слов, камень ей на шею да в омут.

— Что же вы и впрямь ее не утопили? — смело воскликнул я, не помня, что говорю. — Это не в пример было бы лучше для обманутой, несчастной, чахоточной…

— Проживет еще, — сказал Христенек. — Повелено схватить ловко, без шума; в точности и исполнили.

Я с негодованием слушал эти холодные, жесткие слова. Издевательство наглого грека выводило меня из себя.

— Ну полно, друг, — произнес Христенек, — успокойте рыцарские свои чувства, все пустяки! В наше время, помните, главное — отвага и в самой дерзости умная в ловкая острота. Ты успел — могуч и богат; не успел — бедность или того хуже — Сибирь. Вставайте-ка лучше, разве не видите? пора…

Подняв голову, я увидел, что наша каморка уже отперта и за дверью, улыбаясь, гурьбой стояли, подгулявшие и веселые, прочие моряки.

Меня и грека позвали в капитанскую. Там красовалась батарея вин, дымились трубки, кипел пунш. Нас заставили выпить и отпустили на берег. Граф, как я узнал, в это время был с адмиралом у консула. Там они обсуждали свои дальнейшие действия.

Настал вечер. Улицы Ливорно шумели негодующею, взволнованною толпой. Русские жались по квартирам. Я бессознательно схватил шляпу и плащ, прошел окольными переулками за город и оттуда на взморье.

16

Я упал на берег. Боже, какая казнь! Слезы меня душили. Я ненавидел, проклинал весь мир.

«Как, — мыслил я, — совершилось такое безбожное, вопиющее дело! и я во всем этом был соучастник, пособник?»

Я дрожал от негодования и бешенства, с ужасом вспоминая и перебирая в уме все возмутительные подробности и мелочи, весь адский расчет и предательство того, кому я был так предан и кто не постыдился играть священнейшим чувством — любовью. Мне представилась в эти минуты бедная, всеми обманутая, убитая горем женщина. Я ее вообразил себе душевно истерзанною, в тюрьме, может быть, в цепях, под охраной грубых солдат.

«И в какое время это сделалось? — мыслил я. — Когда так нежданно все ей улыбалось, исполнялись все ее золотые, несбыточные грезы и мечты. Она, тайная дочь бывшей императрицы, увидела наконец у своих ног первого сановника новой государыни. С флота неслись приветственные клики, пальба. Что она должна была чувствовать, что пережить?»

Из-под скалы, где я лежал, мне рыл виден закат солнца, золотившего последним блеском холмы, верхи городских церквей и чуть видные в море очертания кораблей.

— Позор, позор! — шептал я себе. — Граф Орлов навек запятнал себя новым, еще более черным делом. Ни чесменские, ни другие лавры не укроют его отныне перед людским и божьим судом. А с ним, по заслуге, ответим и все мы, его пособники в этом поступке.

Отчаянье и скорбь во мне были так сильны, что я готов был лишить себя жизни.

«Нет, кайся, всю жизнь кайся! — твердил во мне внутренний голос. — Ищи искупить свой тяжкий грех».

С адмиральского корабля прозвучал пушечный выстрел. С прочих, более близких, судов послышались звуки зоревой музыки. Там молились. Море одевалось сумраком. У брандвахты и по берегу зажигались сторожевые огни.

Я встал и, еле двигая ноги, побрел в город. Там меня ожидал ординарец графа. Я пошел за ним.

— Ну, Концов, признайся, удивлен? — спросил, встретив меня, Алексей Григорьевич.

Речь отказывалась мне служить. Да и что я мог ему ответить. Этот, наделенный всеми благами жизни, богатырь, этот лихач и умница, осыпанный почестями сановник, еще недавно мой кумир, был теперь мне противен и невыносим.

— Ты думаешь, я не помню, забыл? — продолжал он, как бы избегая на меня глядеть. — Ведь главнейше я тебе во всем обязан... Не будь тебя и ее веры в твое участие, не так бы легко сдалась пташка...

Слова графа добивали меня. Я стоял ошеломленный, растерянный.

— Может быть, тебе неизвестно, — как бы в утешение мне сказал граф,

42

— успокойся… из Петербурга, насчет этой дерзкой, всклепавшей на себя несбыточное имя и природу, пришел несомненный приказ: схватить и доставить ее туда во что бы то ни стало. Теперь понял?

Я в смущении продолжал молчать.

— Самозванка в наших руках, — закончил граф, — воля монаршая соблюдена, и арестантку вскорости повезут на север. Будет немало розысков, докопаются до главных корней… Это дело не одних чужих рук; замешан кое-кто и из наших вояжиров. В бумагах этой лгуньи оказались весьма знакомые почерки…

«Ты радуешься, будут новые аресты, розыски! — подумал я. — А что сам-то сделал, безжалостный, каменный человек?»

— Что же ты молчишь? — спросил граф.

— Город волнуется, — ответил я, — сходбища, крики, угрозы. Берегитесь, граф, — прибавил я, не преодолевая отвращения к нему. — Это не Россия… пырнут, как раз.

— А ты вот что, милый, — нахмурился граф, — кто тронет тебя или кого другого из наших и станет грозить, укажи только на море… семьсот пушек, братец, прямо оттуда глядят! Махну им, будет здесь гладко и чисто. Так всякому и скажи! А я их не боюсь…

«Хвастун!» — подумал я, холодея от злобы, и ушел от графа молча, даже не поклонившись ему.

17

Прошло еще несколько тяжелых, невыносимых дней. Ливорнцы, действительно, шумели и стали грозить открытым насилием. Негодующая чернь с утра до ночи стояла перед двором графа, изредка кидая в ворота камнями. Графа охранял сильный отряд матросов. Лодки, наполненные дамами и знатными горожанами, то и дело отплывали из гавани. Они сновали вкруг наших кораблей, ожидая, не увидят ли где в окно несчастную пленницу?

Меня посылали на «Трех иерархов». Граф поручал отвезти туда письмо и пачку французских книг. После я узнал, что это была посылка княжне. Возвращаясь в город, я вдруг услышал крик, оглянулся с лодки и замер: в открытом окне «Трех иерархов» виднелось припавшее к решетке бледное лицо, и чья-то рука мне махала платком. Я также подал знак рукой. Был ли он, в плеске волн, замечен с корабля — не знаю.

43

Матросы усердно ложились на весла. С моря дул свежий ветер. Лодка быстро неслась, ныряя по расходившимся волнам.

Прошел слух, что эскадра на днях снимается. Куда было ее назначение, никто не знал. Я собирался разведать, останусь ли при штабе графа, и только что взялся за шляпу, в комнату кто-то вошел. Оглянулся — у порога стояла черная фигура. Я разглядел в ней русскую незнакомку церкви Санта-Мария. Примятый и запыленный наряд показывал, что она недавно с дороги.

— Узнали? — спросила она, откидывая с головы вуаль, причем ее золотистые, кудрявые волосы оказались еще более седы.

— Что вам угодно? — спросил я.

— Так-то вы ручались и уверяли? — произнесла она, подступая ко мне. — Где же ваши уверения, что вы честный человек?

— Выслушайте меня... я не виноват, — начал я.

— Изверги, злодеи! — вскрикнула она. — Устроили западню, заманили, сгубили бедную и думают, что это так им пройдет. Вы покойны? Ошибаетесь — час расплаты близок, он настанет...

Она так приступала ко мне, что я подался в угол, к открытому окну. Окно было в нижнем ярусе дома и выходило в сад. Я обрадовался, приметив, что в саду в это время не было никого. Шум мог привлечь любопытных и повредил бы незнакомке, которой посещение мне было непонятно и разубедить которую, как мне казалось, было трудно.

— Вы не виноваты? — спросила она. — Не виноваты?

— Да, я действовал честно! Вы увидите, я докажу...

— Отвечайте... Вы советовали княжне ехать? Убеждали ее?

— Убеждал...

— Говорили ей о возможности брака с Орловым? Не прибегайте к уверткам, слышите ли, мне нужен прямой ответ! — твердила эта женщина, в крайнем волнении и вся трясясь.

— Брак мне был заявлен самим графом, он клятвенно уверял.

— А, вероломные предатели! Смерть тебе! — неистово вскрикнула незнакомка, взмахнув при этом рукой.

Я не успел отшатнуться. В упор грянул выстрел. Клуб дыма заслонил мне лицо. Я рванулся, схватил безумную за руку. Она, с искаженным от гнева лицом, отбиваясь, выстрелила еще раз, и, к счастью, также неудачно. Отняв у нее пистолет, я выкинул его в сад. Сбежалась прислуга, стали стучать в дверь прихожей. Я бросился туда и, через силу погоряя волнение, сказал, что разряжал в окно пистолет и что не произошло ничего опасного. Меня оставили, недоверчиво поглядывая на меня.

Замкнув дверь прихожей, я возвратился к незнакомке. Я был в *неописанном состоянии.*

— Ах, ах! — твердил я. — Что вы сделали, на что решились! И за что, за что?

Гостья, припав к столу головой, в беспамятстве рыдала. Я прошелся по комнате и невольно взглянул в зеркало: на мне не было лица, я себя не узнал.

— Слушайте же, — проговорил я наконец гостье, не перестававшей плакать, — вы должны знать, что я сам стал жертвой возмутительного обмана.

И я начал рассказ.

— Вы видите, — сказал я, кончив, — господь смилостивился, я жив… Объяснитесь же и вы…

Незнакомка долго не могла выговорить ни слова. Дав ей напиться, я предложил ей выйти в сад. Здесь к ней возвратилась речь. Раза два она несмело взглядывала на меня, как бы моля о снисхождении, наконец также заговорила.

— Моя история более печальна, — сказала она со слезами, когда мы прошли несколько дорожек и сели, — но я так перед вами виновата, так, — прибавила она, закрыв лицо руками, — вы никогда не простите меня.

— Успокойтесь, — произнес я, мало-помалу придя в себя. — Я готов, я забуду… все от бога, все в его власти.

Незнакомка обратила ко мне бледное, убитое лицо, схватила меня за руку и опять зарыдала.

— Вы так великодушны, — прошептала она, — слышали ли о судьбе Мировича?

— Слышал.

— Я — виновница его покушения… Я его бывшая невеста, Поликсена Пчелкина.

Я остолбенел… Все подробности дела Мировича, слышанные мною десять лет назад от покойной бабушки, встали в моей памяти. Нагнувшись к гостье, я взял ее руку, стрелявшую в меня, и с чувством ее пожал.

— Говорите, говорите, — произнес я.

— В России оставаться мне было нельзя, — продолжала она, как-то странно, скороговоркой, — десять лет я скиталась в разных местах, была в монастырях на Волыни и в Литве, служила больным и немощным. Будучи год назад опять за Волгой, я первая получила неясные сведения о княжне Таракановой, принцессе Азовской и Владимирской. Меня к ней вызвали таинственные, мне самой не известные лица. Вы поймете, как я к ней стремилась… Я искала с нею встречи. Снабженная от тех лиц средствами, я познакомилась с княжною сперва в переписке, потом лично в Рагузе и уверовала в нее. О, как я желала ей счастья, искупления прошлого! Я ее охраняла, учила родному языку, истории, снабжала ее советами. Я следила за нею с ее выезда из Рагузы до Рима, писала ей, заклинала остерегаться, убежденная, что» ей предназначен высокий удел. Остальное вы знаете… Каков же был мой ужас, когда я узнала о ее аресте!.. Я останусь в Ливорно, буду ждать… О, ее освободят, отобьют ливорнцы… Скажите, что вы думаете о ней? Убеждены ли вы, что она не самозванка, а действительно дочь императрицы Елисаветы?

— Не могу этого ни утверждать, ни отрицать.

— Я же в том убеждена, срослась с этой мыслью и не расстанусь с ней. — Пчелкина встала, набросила на голову вуаль, глядя мне в глаза, крепко сжала мне руку, еще что-то хотела сказать, и, пошатываясь, вышла.

— Добрый вы, мягкий!.. До лучших времен! — проговорила она, оглянувшись в калитке сада.

Я еще раз или два видел эту загадочную особу, навестив ее, по условию, в небольшой австерии, под вывеской лилии, у монастыря урсулинок, где она приютилась. У нее была надежда, что княжну могут спасти в Англии или в Голландии, куда должна была зайти по пути наша эскадра.

— Она… гонимая… ниспослана возродить отечество! — твердила Поликсена, когда я с ней расстался. — И я верю, она не погибнет, ее избавят, спасут.

В ночь на двадцать шестое февраля нашей эскадре, под флагом контр-адмирала Грейга, нежданно было велено сняться с якоря и плыть на запад. Христенек с донесениями графа императрице поехал сухим путем. Ему было велено явиться в Москву, где в то время, после казни Пугачева, государыня проживала со всем двором.

Граф Алексей Григорьевич одновременно оставил Ливорно. Долее пребывать здесь ему было небезопасно. Раздраженные его поступком, сыны пылкой и некогда вольной Италии так враждебно под конец к нему относились, что граф, несмотря на дежурный при нем караул, почти не выезжал из дому и, боясь отравы, сидел на одном хлебе и молоке.

Я отправился несколько позднее. Мне как бы особым велением рока было приказано возвратиться на особо снаряженном фрегате «Северный орел». На этот фрегат взяли больных и немощных из команды и, между прочим, собранные с таким трудом в греческих и турецких городах вещи графа — картины, статуи, мебель, бронзу и иные редкости. То были плоды графских побед и его усердных в течение нескольких лет приватных собираний. Я увидел при этом и презенты, полученные графом от княжны, в том числе и ее, столь схожий с императрицей Елисаветой, портрет.

Судьбы божьи неисповедимы. Мы выправили бумаги, кончили снаряжение, подняли паруса и поплыли. Но едва «Северный орел», нагруженный богатством графа, вышел из гавани, нас встретила страшная буря. Не мог я сказать фрегату: «Цезаря везешь!» Долго мы носились по морю, отброшенные сперва к Алжиру, потом к Испании. За Гибралтаром у нас сорвало обе мачты и все паруса, а вскоре мы потеряли руль.

Более недели нас влекло течением и легким ветром вдоль африканских берегов, к юго-западу. Все пали духом, молились. На десятые сутки, со вчерашнего дня, ветер окончательно затих. Я пишу… Но можно ли ожидать спасения в таком виде? Фрегат, как истерзанный в битве, безжизненный труп, плывет туда, куда его несут волны.

Еще минул безнадежный и тягостный день. Близится снова страшная, непроглядная ночь. Громоздятся тучи; опять налетает ветер, пошел дождь. Берега Африки исчезли, нас уносит прямо на запад. Волны хлещут о борт, перекатываясь чрез опустевшую, разоренную палубу. Течь в трюме увеличилась. Измученные матросы едва откачивают воду. Пушки брошены за борт. Мы по ночам стреляем из мушкетов, тщетно взывая о помощи. В море никого не видно. Нас, погибающих, никто не слышит. Трагическая, страшная судьба! Гибель на одиноком корабле, без рассвета, без надежд, с военною добычею полководца…

Где же конец! У каких скал или подводных камней нам суждено разбиться, пойти ко дну? Оплата за деяния других. Роковая ноша графа Орлова не угодна богу.

…Три часа ночи. Моя исповедь кончена. Бутыль готова. Допишу и, если не будет спасения, брошу ее в море.

Еще слово… Я хотел сообщить Ирен последнее напутствие, последний завет… Ей надо знать… Боже, что это? ужели конец? Страшный треск. Фрегат обо что-то ударился, содрогнулся… Крики… Бегу к команде. Его святая воля…

Бутыль была брошена за борт со вложенною в нее тетрадью и запиской. Последняя была на французском языке: «Кому попадется эта рукопись, прошу отправить ее в Ливорно, на имя русской госпожи Пчелкиной, а если ее не разыщут, то в Россию, в Чернигов, бригадиру Льву Ракитину, для передачи его дочери, Ирине Ракитиной.

Мая 15—17, 1775 года.
Лейтенант русского флота Павел Концов.

Часть вторая

«Алексеевский равелин»

18

Лето 1775 года императрица Екатерина проводила в окрестностях Москвы, сперва в старинном селе Коломенском, потом в купленном у князя Кантемира селе Черная Грязь. Последнее, в честь новой хозяйки, было названо Царицыном и со временем, по ее мысли, должно было занять место подмосковного Царского Села.

У опушки густого леса, среди прорубленных вековечных кленов и дубов, был наскоро выстроен двухэтажный деревянный дворец, с кое-какими службами, скотным и птичьим дворами.

Из окон нового дворца императрица любовалась рядом обширных, глубоких прудов, окруженных лесистыми холмами. На неоглядных скошенных лугах копошились белые рубахи косцов и красные и синие поневы гребщиц. За этими лугами виднелись другие, еще не тронутые косой, цветущие луга. Далее чернели свежераспаханные нивы, упиравшиеся в новые зеленые холмы и луга. И все это золотилось и согревалось безоблачным вешним солнцем.

Здесь жилось просто и привольно. В наскоро приноровленные, весь день раскрытые окна несся запах сена и лесной древесины. В них налетали с реки ласточки, с лугов стрекозы и мотыльки.

Свита с утра рассыпалась по лесу, собирала цветы и грибы, ловила в прудах рыбу, каталась по окрестным полям.

Екатерина, тем временем, в белом пудромантеле и в чепце на запросто причесанных волосах, сидя в верхней рабочей горенке, писала наброски указов и письма к парижскому философу и публицисту барону Гримму.

Она ему жаловалась, что ее слуги не дают ей более двух перьев в день, так как им известно, что она не может равнодушно видеть клочка чистой бумаги и хорошо очиненного пера, чтоб не присесть и не поддаться бесу бумагомарания.

И в то время, когда целый мир ломал голову над политикой русской императрицы: что именно она предпримет относительно разгромленной ею Турции? или повторял запоздалые вести об укрощенном заволжском бунте, о недавней казни Пугачева и о захваченной в Ливорно

48

таинственной княжне Таракановой, — Екатерина с удовольствием описывала Гримму своих комнатных собачек.

Этих собачек при дворе звали: сэр Том Андерсон, а его супругу, во втором браке, леди Мими, или герцогиня Андерсон. Они были такие крохотные, косматые, с тоненькими умными мордочками и упругими, уморительно, в виде метелок, подстриженными хвостами. У собачек были свои особые, мягкие тюфячки и шелковые одеяла, стеганные на вате рукой самой императрицы.

Екатерина описывала Гримму, как она с сэром Томом любит сидеть у окна и как Том, разглядывая окрестности, опирается лапой о подоконник, волнуется, ворчит и лает на лошадей, тянущих барку у берега реки. Виды однообразны, но красивы. И сэр Том с удовольствием глядит на холмы и леса и на тихие, тонущие в дальней зелени сады и усадьбы, за которыми в голубой дали чуть виднеются верхи московских колоколен. Сельская дичь и глушь по душе сэру Андерсону и его супруге. Они ими любуются, забыв столичный шум и блеск, и неохотно, лишь поздно ночью, идут под свое теплое, стеганое одеяло.

Хозяйке также нравятся эти глухие русские деревушки, леса и поля.

«Я люблю нераспаханные, новые страны! — писала Екатерина Гримму. — И, по совести, чувствую, что я годна только там, где не все еще обделано в искажено».

19

Свежий воздух подмосковных окрестностей иногда туманился. Набегали тучки, сверкала молния, погромыхивала гроза. При дворе были свои невзгоды.

Немало заботы Екатерине причинило разбирательство дела Пугачева. Он перед казнью всех изумлял твердой надеждой, что его помилуют и не казнят.

«Негодяй не отличается большим смыслом... он надеется! — писала государыня по прочтении последних допросов самозванца. — Природа человеческая неисповедима».

Пугачева четвертовали в январе.

В половине мая Екатерине донесли о прибытии в Кронштадт эскадры Грейга с княжной Таракановой. Переписку с Орловым о самозванке императрица послала петербургскому главнокомандующему, князю Голицыну, и отдала ему приказ:

«Сняв тайно с кораблей доставленных вояжиров, учините им строгий допрос».

Князь Александр Михайлович Голицын, разбитый некогда Фридрихом Великим и впоследствии, за войну с турками, произведенный в фельдмаршалы, был важный с виду, но добродушный, скромный, правдивый и чуждый дворских происков человек. Его все искренне любили и уважали.

Двадцать четвертого мая он призвал Преображенского офицера Толстого, взял с него клятву молчания и приказал ему отправиться в Кронштадт, принять там арестантку, которую ему укажут, и бережно сдать ее обер-коменданту Петропавловской крепости Андрею Гавриловичу Чернышеву.

Толстой исполнил поручение; ночью на двадцать пятое мая в особо оснащенной яхте он проехал в Неву, тихо подплыл к крепости и сдал пленницу. Ее сперва поместили наскоро в комнаты под комендантскою квартирою, потом в Алексеевский равелин. Секретарь Голицына Ушаков уже приготовил о ней подробные выдержки из бумаг, присланных государыней.

Ушаков был проворный, вертлявый пузан, вечно пыхтевший и с улыбкой лукавых, зорких глаз повторявший:

— Ах, голубчики, столько дела, столько! из чести одной служу князю... давно пора в абшид, измучился...

Князь Голицын обдумывал выдержки, составленные Ушаковым, приготовил по ним ряд точных вопросов и доказательных статей и с напускною, важною осанкою, так не шедшею к его добродушным чертам, явился в каземат пленницы. Его смущали вести, что на пути, в Англии, арестантка чуть не убежала, что в Плимуте она вдруг бросилась за борт корабля в какую-то, очевидно, ожидавшую ее шлюпку, и что ее едва удалось снова, среди ее воплей и стонов, водворить на корабль. Князь боялся, как бы и здесь кто-либо не вздумал ее освобождать.

Испуганная, смущенная нежданною, грозною обстановкою, пленница не отвергала, что ее звали и даже считали всероссийскою великою княжною, мало того, ею прямо и сразу было заявлено, что она действительно и сама, соображая свое детство и прошлое, силою вещей привыкла себя считать тем лицом, о котором говорили найденные у нее будто бы завещание императора Петра I в пользу бывшей императрицы Елисаветы и завещание Елисаветы в пользу ее дочери.

В Москву был послан список с этого допроса. Екатерину возмутила дерзость пленницы, особенно приложенное к допросу письмо на имя государыни, скрепленное подписью «Elisabeth».

— Voila une fief fee canaille![4]— вскричала Екатерина, прочтя и скомкав это письмо.

В кабинете императрицы в то время находился Потемкин.

— О ком изволите говорить? — спросил он.

— Все о той же, батюшка, об итальянской побродяжке.

Потемкин, искренне жалевший Тараканову по двум причинам: как женщину и как добычу ненавистного ему Орлова, — начал было ее защищать. Екатерина молча подала ему пачку новых французских и немецких газет, сказав, пусть он лучше посмотрит, что о ней самой плетут по поводу схваченной самозванки, и тот, сопя носом, с досадой уставил свои близорукие глаза.

— Ну, что? — спросила Екатерина, кончив разбор и просмотр бумаг.

— Непостижимо… сколько сплетней! Трудно сказать окончательное мнение.

— А мне все ясно, — сказала Екатерина, — лгунья — тот же подставленный нам во втором издании маркиз Пугачев. Согласись, князь, как бы мы ни жалели этой жертвы, быть может, чужих интриг, нельзя к ней относиться снисходительно.

Голицыну в Петербург были посланы новые наставления. Ему было велено «убавить тону этой авантюрьере», тем более что «по извещению английского посла, арестантка, по всей видимости, была не принцесса, а дочь одного трактирщика из Праги».

Пленнице передали это сообщение посла. Она вышла из терпения:

— Если бы я знала, кто меня так поносит, — вскрикнула она, с дрожью и бранью, — я тому выцарапала бы глаза!

«Боже! да что же это? — с ужасом спрашивала она себя, под натиском страшных, грозно ложившихся на нее стеснений. — Я прежде так слепо, так горячо верила в себя, в свое происхождение и назначение. Неужели они правы? Неужели придется под давлением этих безобразных, откапываемых ими улик отказаться от своих убеждений, надежд? Нет, этого не будет! Я все превозмогу, устою!»

С целью «поубавить тона», с арестованною стали поступать значительно строже: лишили ее на время услуг ее горничной и других удобств. Стали ей давать более скромную, даже скудную пищу. Это не помогло. Ни просьбы, ни угрозы лишить ее собственной одежды, света и одеть в острожное платье не вынудили у пленницы раскаяния, а тем более желаемого сознания, что она обманщица, а не княжна.

— Я не самозванка, слышите ли? — с бешеным негодованием твердила

---

[4] Вот отъявленная негодяйка! (фр.)

она Голицыну. — Вы — князь, а я — слабая женщина... именем милосердного бога умоляю, не мучьте, сжальтесь надо мною.

Князь забыл свое поручение, начал ее утешать.

— Я беременна, — проговорила, плача, арестантка, — погибну не одна... Отошлите меня, куда знаете, к самоедам, опять в сибирские льды, в монастырь... но, клянусь, я ни в чем не повинна...

Голицын собрался с мыслями.

— Кто отец ожидаемого вами дитяти? — спросил он.

— Граф Алексей Орлов.

— Новая неправда, — сказал Голицын, — и к чему она? Не стыдно ли так отвечать доверенному липу государыни, старику? — Я говорю правду, как перед богом! — ответила, рыдая, пленница. — Свидетели тому адмирал, офицеры, весь флот...

Изумленный Голицын прекратил расспрос, и о новом сознании арестантки донес в тот же день в Москву.

— Негодная, дерзкая тварь! — вскрикнула Екатерина, прочтя это сообщение Потемкину. — Чем изворачивается новое издание выставленного нам поляками Пугачева!.. Нагло клевещет на других!

— Но если тут не без истины? — произнес Потемкин. — Слабую, доверчивую женщину так легко увлечь, обмануть.

— О, быть не может! — возразила Екатерина. — Впрочем, граф Алексей Григорьевич скоро будет сюда, — он объяснит нам подробнее об этой, им арестованной лже-Елисавете... А вы, князь, в рыцарской защите женщин, не забывайте главного — спокойствия государства. Мало мы с вами пережили в недавний бунт.

Потемкин замолчал.

Орлова ждали со дня на день. Он спешил из Италии, к торжеству празднования турецкого мира. Голицыну тем временем было послано приказание: отнять у арестантки излишнее, не положенное в тюрьме платье и, удалив ее горничную, приставить к ней, для бессменного надзора, двух надежных часовых.

20

Упорство пленницы было Екатерине непонятно и выводило ее из себя.

— Как! — рассуждала она. — Сломлена Турция. Пугачев пойман, сознался и всенародно казнен... а эта хворая, еле дышащая женщина, эта искательница приключений... ни в чем не сознается и грозит мне, из глухого подземелья, из норы?

Потемкин, узнав от Христенека подробности ареста княжны, мрачно дулся и молчал. Екатерина относила это в припадку его обычной хандры.

Вскоре и другие из ближних императрицы узнали, каким образом Орлов заманил и предал указанное ему лицо, и сообщили об этом государыне через ее камер-юнгферу Перекусихину. Екатерина сперва не поверила этим слухам и даже резко выговорила это своей камеристке. Секретный рапорт прямого, неподкупного Голицына о положении и признании арестантки вполне подтвердил сообщение придворных. Женское сердце Екатерины возмутилось.

— Не Радзивилл! — сказала она при этом. — Тому грозила конфискация громадных имений, а он не выдал преданной женщины!

«Предатель по природе! — шевельнулось в уме Екатерины при мыслях об услуге Орлова. — На все готов и не стесняется ничем... не задумается, если будет в его видах, и на другое!»

Вспомнились Екатерине при этом давние строки: «Матушка царица, прости, не думали, не гадали...»

— Недаром его зовут палачом! — презрительно прошептала Екатерина. — Пересолил, скажет, из усердия... Впрочем, приедет — надо поправить дело... Эта потерянная — без роду и племени — игрушка в руках злонамеренных, у него она будет бессильна... А ей, продававшей в Праге пиво, чем не пара русский сановник и граф?

Сельские тихие виды Царицына и Коломенского стали тяготить Екатерину. Леса, пруды, ласточки и мотыльки не давали ей прежнего покоя и отрадных снов.

Императрица неожиданно и запросто поехала в Москву.

Там, в Китай-городе, она посетила архив коллегии иностранных дел, куда перед тем, по ее приказанию, были присланы на просмотр некоторые важные бумаги. Начальником архива в то время состоял знаменитый автор «Опыта новой истории России» и «Описания Сибирского царства», бывший издатель академических «Ежемесячных сочинений», путешественник и русский историограф, академик Миллер. Ему тогда было за семьдесят лет. Императрица, сама усердно занимаясь историей, знала его и не раз с ним беседовала о его работах и истории вообще. Она сго застала на квартире, при архиве, над грудой старинных московских свитков.

Миллер был большой любитель цветов и птиц. Невысокие, светлые комнаты его казенной квартиры были увешаны клетками дроздов, снегирей и прочей пернатой братии, оглушившей Екатерину разнообразными свистами и чиликаньями. Стеклянная дверь из кабинета хозяина вела в особую, уставленную кустами в кадках светелку, где, при раскрытых окнах, завешанных сетью, часть птиц летала на свободе. Запах роз и гелиотропов наполнял чистые укромные горенки. Вощеные полы блестели, как зеркало. Миллер работал у стола, перед стеклянною дверью в птичник. Государыня вошла незаметно, остановив засуетившуюся прислугу.

— Я к вам, Герард Федорович, с просьбой, — сказала, войдя, Екатерина.

Миллер вскочил, извиняясь за домашний наряд.

— Приказывайте, ваше величество, — произнес он, застегиваясь и отыскивая глазами куда-то, как ему казалось, упавшие очки.

Императрица села, попросила сесть и его. Разговорились.

— Правда ли, — начала она, после нескольких любезностей и расспросов о здоровье хозяина и его семьи, — правда ли… говорят, вы имеете данные и вполне убеждены, что на московском престоле царствовал не самозванец Гришка Отрепьев, а настоящий царевич Димитрий? Вы говорили о том… английскому путешественнику Коксу.

Добродушный, с виду несколько рассеянный и постоянно углубленный в свои изыскания, Миллер был крайне озадачен этим вопросом государыни.

«Откуда она это узнала? — мыслил он. — Ужели проговорился Кокс?»

— Объяснимся, я облегчу нашу беседу, — продолжала Екатерина. — Вы обладаете изумительною памятью, притом вы так прозорливы в чтении и сличении летописей; скажите откровенно и смело ваше мнение… Мы одни — вас никто не слышит… Правда ли, что доводы к обвинению самозванца вообще слабы, даже будто бы ничтожны?

Миллер задумался. Его взъерошенные на висках седые волосы странно торчали. Добрые, умные губы, перед приездом государыни сосавшие полупогасший янтарный чубук, бессознательно шевелились.

— Правда, — несмело ответил он, — но это, простите, мое личное мнение, не более…

— Если так, то почему же не огласить вам столь важного суждения?

— Извините, ваше величество, — проговорил Миллер, растерянно оглядываясь и подбирая на себя упорно сползавшие складки камзола, — я прочел розыск Василия Шуйского в Угличе. Он производил следствие по поручению Годунова и имел расчет угодить Борису, привезя ему показания лишь тех, кто утверждал сказки об убиении истинного царевича; другие, неприятные для Годунова, следы он, очевидно, скрыл.

— Какие? — спросила Екатерина.

— Что погиб другой, а мнимоубитый скрылся. Вспомните, ведь этот следователь, Шуйский, потом сам же всенародно признал царевичем возвратившегося Димитрия.

— Довод остроумный, — сказала Екатерина, — недаром генерал

Потемкин, большой любитель истории, советует все это напечатать, если вы в том убеждены.

— Помните, ваше величество, — проговорил Миллер, — воля монархини — важный указатель; но есть другая, более высшая власть — Россия... Я лютеранин, а тело признанного Димитрия покоится в Кремлевском соборе... Что сталось бы с моими изысканиями, что сталось бы и со мной среди вашего народа, если бы я дерзнул доказывать, что на московском престоле был не Гришка Отрепьев, а настоящий царевич Димитрий?

21

Слова Миллера смутили Екатерину.

«Откровенно, — подумала она, — так и подобает философу».

— Хорошо, — произнесла императрица, — не будем тревожить мертвых; поговорим о живых. Генерал Потемкин, надеюсь, вам доставил список с допроса и показаний наглой претендентки, о поимке которой вы, вероятно, уже слышали...

— Доставил, — ответил Миллер, вспомнив наконец, что очки, которые он продолжал искать глазами, были у него на лбу, и удивляясь, как он об этом забыл.

— Что вы скажете об этой достойной сестре маркиза Пугачева? — спросила Екатерина.

Миллер увидел в это мгновение за стеклянною дверью, как вечно ссорившаяся с другими птицами канарейка влетела в чужое гнездо, и хозяева последнего, с тревогой и писком летая вокруг нее, старались ее оттуда выпроводить. Занимал его также больной, с забинтованной ногою, дрозд.

— Принцесса, если она русская, — произнес Миллер, краснея за свою робость и рассеянность, — очевидно, плохо училась русской истории; вот главное, что я могу сказать, прочтя ее бумаги... впрочем, в этом более виноваты ее учителя...

— Так вы полагаете, что в ее сказке есть доля истины? — спросила Екатерина. — Допускаете, что у императрицы Елисаветы могла быть дочь, подобная этой и скрытая от всех?

Миллер хотел сказать: «О да, разумеется, что же тут невероятного?» Но он вспомнил о таинственном юноше, Алексее Шкурине, который в то время путешествовал в чужих краях, и, смутясь, неподвижно уставился глазами в дверь птичника.

— Что же вы не отвечаете? — улыбнулась Екатерина. — Тут уже ваше лютеранство ни при чем...

— Все возможно, ваше величество, — произнес Миллер, качая седою, курчавою головой, — рассказывают разное, есть, без сомнения, и достоверное.

— Но послушайте... Не странно ли? — произнесла Екатерина. — Покойный Разумовский был добрый человек, притом, хотя тайно, состоял в законном браке с Елисаветой... Из-за чего же такое забвение природы, бессердечный отказ от родной дочери?

— То был один век, теперь другой, — сказал Миллер. — Нравы изменяются; и если новые Шуйские-Шуваловы столько лет подряд могли держать в одиночном заключении, взаперти, вредного им принца Иоанна, объявленного в детстве императором, — что же удивительного, если, из той же жажды влияния и власти, они на краю света, на всякий случай, припрятали и другого младенца, эту несчастную княжну?

— Но вы, Герард Федорович, забываете главное — мать! Как могла это снести императрица? У нее, нельзя этого отрицать, было доброе сердце... Притом здесь дело шло не о чуждом дитяти, как Иванушка, а о родной, забытой дочери.

— Дело простое, — ответил Миллер, — ни Елисавета, ни Разумовский тут, если хотите, ни при чем: интрига действовала на государыню, не на мать... Ей, без сомнения, были представлены важные резоны, и она согласилась. Тайную дочь спрятали, услали на юг, потом за Урал. В бумагах княжны говорится о яде, о бегстве из Сибири в Персию, потом в Германию и Францию... Шуйские наших дней повторили старую трагедию; охраняя будто бы государыню, они готовили, между тем, появление, на всякий случай, нового, ими же спасенного выходца с того света.

Екатерине вспомнился в одном из писем Орлова намек о русском вояжире, а именно об Иване Шувалове, который в то время еще находился в чужих краях.

— С вами не наговоришься, — сказала, вставая, Екатерина, — ваша память тот же неоцененный архив; а русская история, не правда ли, как и сама Россия, любопытная и непочатая страна. Хороши наши нивы, беда только от множества сорных трав. Кстати... я все любуюсь вашими цветами и птицами. Приезжайте в Царицыно. Гримм мне прислал семью прехорошеньких какаду. Один все кричит: «Oui est verite?»[5]

---

[5] Где правда? (фр.)

56

Отменно милостиво поблагодарив Миллера, императрица возвратилась в Царицыно. Вскоре туда явился победитель при Чесме, Орлов.

Алексей Григорьевич не узнал двора. С новыми лицами были новые порядки. Граф не сразу удостоился видеть государыню. Ему сказали, что ее величество слегка недомогает.

Орлов смутился. Опытный в дворских нравах человек, он почуял немилость, беду. Надо было поправить дело. Алексей Григорьевич не без робости обратился к некоторым из приближенных и решился искать аудиенции у нового светила, Потемкина. Их свидание было вежливо, но не радушно. Далеко было до прежней дружеской близости и простоты. Проговорили за полночь, но гость чувствовал, что ему было сказано немного.

— Нынче все без меры, через край! — произнес, по поводу чего-то и мимоходом, Потемкин.

Задумался об этих словах Орлов: «Через край! Ведь и он хватил не в меру».

Наутро он был приглашен к государыне, которую застал за купаньем собачек. Мистер Том Андерсон уже был вынут из ванночки, вытерт и грелся, в чепчике, под одеялом. Миссис Мими, его супруга, еще находилась в ванне. Екатерина сидела, держа наготове другой чепчик и одеяло. Перекусихина, в переднике, с засученными за локти рукавами, усердно терла собачку губкой с мылом. Намоченная и вся белая от пены, Мими, завидя огромного, глазастого, не знакомого ей гостя, неистово разлаялась из-под руки камер-юнгферы.

— С воды и к воде, — шутливо произнесла Екатерина, — добро пожаловать. Сейчас будем готовы.

Одев в чепчик и уложив в постель Мими, государыня вытерла руки и произнесла:

— Как видите, о друзьях первая забота! — села и, указав Орлову стул, начала его расспрашивать о вояже, об Италии и о турецких делах.

— А вы, батюшка Алексей Григорьевич, пересолили, — сказала она, достав табакерку и медленно нюхая из нее.

— В чем, ваше величество?

— А в препорученном, — улыбнулась, шутливо грозя, Екатерина.

Орлов видел улыбку, но в самой шутке государыни приметил недобрую, знакомую ему черту: круглый и плотный подбородок Екатерины слегка вздрагивал.

— Что же, матушка государыня, чем я прогневил? — спросил он, заикаясь.

— Да как же, сударь... уж право, чересчур, — продолжала Екатерина, нюхая из полураскрытой табакерки.

Орлов ребячески растерялся. Его глаза трусливо забегали.

— Ведь пленница-то наша, — произнесла государыня, — слышали ли вы? Скоро сам-друг...

Богатырь и силач Орлов не знал, куда деться от замешательства.

«Пропал, окончательно погиб! — думал он, мысленно уже видя свое падение и позор. — Помяни, господи, царя Давида...»

— Дело, впрочем, можно еще поправить, — проговорила Екатерина, — вам бы ехать в Питер да свидеться с пленницей, к торжеству мира возвратились бы женихом.

Орлов, сморщившись, опустился на колено, поцеловал протянутую ему руку и молча вышел. За порогом он оправился.

— Ну, что, как государыня? Что изволила говорить? — спрашивали его ближние из придворных.

— Удостоен особого приглашения на торжество мира, — ответил граф, — еду пока в Петербург, устроить дела брата.

Алексей Григорьевич старался смотреть самоуверенно и гордо...

Орлов понял, что ему нечего было медлить, государыня, очевидно, не шутила.

Под предлогом свидания с удаленным братом, он собрался и вскоре выехал в Петербург.

22

Изнуренная долгим морским путем и заключением, пленница влачила в крепости тяжелые дни. Острый, с кровохарканьем и лихорадкой кашель перешел в быстротечную чахотку.

Частые появления и допросы фельдмаршала Голицына приводили княжну в неописанный гнев.

— Какое право имеют так поступать со мной? — повелительно спрашивала она. — Какой повод я подала к такому обращению?

— Предписание свыше, монарший приказ! — отвечал, пыхтя и перевирая французские слова, секретарь Ушаков.

В качестве письмоводителя наряженной комиссии, он заведовал особыми суммами, назначенными для этой цели, и потому, жалуясь на утомление, кучу дела и даже на боль в пояснице, с умыслом тянул справки, плодил новые доказательные статьи и переписку о ней и вообще водил за нос добряка Голицына, — собираясь на сбережения от содержания арестантки прикупить новый домик к бывшему у него на Гороховой собственному двору.

Таракановой, между прочим, были предъявлены найденные в ее бумагах подложные завещания.

— Что вы скажете о них? — спросил ее Голицын.

— Клянусь всемогущим богом и вечною мукой, — отвечала арестантка, — не я составляла эти несчастные бумаги, мне их сообщили.

— Но вы их собственноручно списали?

— Может быть, это меня занимало.

— Так вы не хотите признаваться, объявить истины?

— Мне не в чем признаваться. Я жила на свободе, никому не вредила: меня предали, схватили обманом.

Голицын терял терпение. «Вот бесом наделили! — мыслил он. — Открывай тайны с таким камнем!»

Князь вздыхал и почесывал себе переносицу.

— Да вы, ваше сиятельство, упомнили, — шепнул однажды при допросе услужливый Ушаков, — вам руки развязаны — последний-то указ... в нем говорится о высшей строгости, о розыске с пристрастием.

— Айв самом деле! — смекнул растерявшийся князь, вообще не охотник до крутых и жестоких мер. — Попробовать разве? Хуже не будет!

— Именем ее величества, — строго объявил фельдмаршал коменданту в присутствии пленницы, — ввиду ее запирательства — отобрать у нее все, кроме необходимой одежды и постели, слышите ли, все... книги, прочие там вещи, — а если и тут не одумается — держать ее на пище прочих арестантов.

Распоряжение князя было исполнено. Привыкшей к неге и роскоши, избалованной, хворой женщине стали носить черный хлеб, солдатские кашу и щи. Она, голодная, по часам просиживала над деревянною миской, не притрагиваясь к ней и обливаясь слезами. На пути в Россию, у берегов Голландии, где эскадра запасалась провизией, арестантка случайно узнала из попавшего к ней в каюту газетного листка все прошлое Орлова и с содроганием, с бешенством кляла себя за то, как могла она довериться такому человеку. Но явилось еще худшее горе. В комнатку арестантки, сменяясь по очереди, с некоторого времени день и ночь становились двое часовых. Это приводило арестантку в неистовство.

— Покайтесь, — убеждал, навещая ее, Голицын, — мне жаль вас, иначе вам не ждать помилования.

— Всякие мучения, самое смерть, господин фельдмаршал, все я приму, — ответила пленница, — но вы ошибаетесь... ничто не принудит меня отречься от моих показаний.

— Подумайте...

— Бог свидетель, мои страдания падут на головы мучителей.

— Одумается, ваше сиятельство! — шептал, роясь при этом в бумагах, Ушаков. — Еще опыт, и изволите увидеть…

Опыт был произведен. Он состоял в грубой сермяге, сменившей на плечах княжны ее ночной, венецианский шелковый пеньюар.

— Великий боже! Ты свидетель моих помыслов! — молилась арестантка. — Что мне делать, как быть? Я прежде слепо верила в свое прошлое; оно мне казалось таким обычным, я привыкла к нему, к мыслям о нем. Ни измена того изверга, ни арест не изменили моих убеждений. Их не поколеблет и эта страшная, железная, добивающая меня тюрьма. Смерть близится. Матерь божия, младенец Иисус! Кто подкрепит, вразумит и спасет меня… от этого ужаса, от этой тюрьмы?

В конце июня, в холодный и дождливый вечер, в Петропавловскую крепость подъехала наемная карета с опущенными занавесками. Из нее, у комендантского крыльца, вышел граф Алексей Григорьевич Орлов. Через полчаса он и обер-комендант крепости Андрей Гаврилович Чернышев направились в Алексеевский равелин.

— Плоха, — сказал по пути обер-комендант, — уж так-то плоха; особенно с этою сыростью; вчера, ваше сиятельство, молила дать ей собственную одежду и книги — уважили…

Часовых из комнаты княжны вызвали. Туда, без провожатых, вошел Орлов. Чернышев остался за дверью.

В вечернем полумраке граф с трудом разглядел невысокую, с двумя в углублении окнами, комнату. В рамах были темные железные решетки. У простенка, между двумя окнами, стояли два стула и небольшой стол, на столе лежали книги, кое-какие вещи и прикрытая полотенцем миска с нетронутою едой. Вправо была расположена ширма, за ширмою стояли столик с графином воды, стаканом и чашкой и под ситцевым пологом железная кровать.

На кровати, в белом капоте и белом чепце, лежала, прикрытая голубою, поношенного бархата, шубкой, бледная, казалось, мертвая женщина.

Орлов был поражен страшною худобой этой, еще недавно пышной, обворожительной красавицы. Ему вспомнились Италия, нежные письма, страстные ухаживания, поездка в Ливорно, пир на корабле и переодетые в старенькие церковные ризы Рибас и Христенек.

«И зачем я тогда разыграл эту комедию с венцом? — думал он. — Она ведь уже была на корабле, в моих руках!»

В его мыслях живо изобразился устроенный им арест княжны. Он вспомнил ее крики на палубе и через день посылку к ней через Концова письма на немецком языке с жалобою на свое собственное мнимое горе и с клятвами в преданности до гроба и любви.

«Ах, в каком мы несчастье, — писал он ей тогда, подбирая льстивые слова. — Оба мы арестованы, в цепях; но всемогущий бог не оставит нас. Вверимся ему. Как только получу свободу, буду вас искать по всему свету и найду, чтобы вас охранять и вам вечно служить...»

«И я ее нашел, вот она!» — мыслил в невольном содрогании Орлов, стоя у порога. Он тихо ступил к ширме.

Пленница на шорох открыла глаза, вгляделась в вошедшего и приподнялась. Прядь светло-русых, некогда пышных волос выбилась из-под чепца, полузакрыв искаженное болезнью и гневом лицо.

— Вы?.. вы?.. в этой комнате... у меня! — вскрикнула княжна, узнав вошедшего и простирая перед собой руки, точно отгоняя страшный, безобразный призрак.

Орлов стоял неподвижно.

23

Слова рвались с языка пленницы и бессильно замирали.

Отшатнувшись на кровати к стене, она сверкающими глазами пожирала Орлова, с испугом глядевшего на нее.

— Мы обвенчаны, не правда ли? ха-ха! ведь мы жена и муж? — заговорила она, страшным кашлем поборов презрительное негодование. — Где же вы были столько времени? Вы клялись, я вас ждала.

— Послушайте, — тихо сказал Орлов, — не будем вспоминать прошлого, продолжать комедию. Вы давно, без сомнения, поняли, что я верный раб моей государыни и что я только исполнял ее повеления.

— Злодейство, обман! — вскрикнула арестантка. — Никогда не поверю... Слышите ли, никогда могучая русская императрица не прибегнет к такому вероломству.

— Клянусь, это был ее приказ...

— Не верю, предатель! — бешено кричала пленница, потрясая кулаками. — Екатерина могла предписать все, требовать выдачи, сжечь город, где меня укрывали, арестовать силой... но не это... ты, наконец, мог меня поразить кинжалом, отравить... яды тебе известны... но что сделал ты? что?

— Минуту терпения, умоляю, — произнес, оглядываясь, Орлов, —

ответьте мне одно слово, только одно… и вы будете, клянусь, немедленно освобождены.

— Что еще придумал, изверг, говори? — произнесла княжна, одолевая себя и с дрожью кутаясь в голубую, знакомую графу, бархатную мантилью.

— Вас спрашивали столько времени и с таким настоянием, — начал Орлов, подыскивая в своем голосе нежные, убедительные звуки, — скажите, мы теперь наедине… нас видит и слышит один бог.

— Gran Dio! — рванулась и опять села на кровати арестантка. — Он призывает имя божье! — прибавила она, подняв глаза на образ спаса, висевший на стене, у ее изголовья. — Он! да ты, наверное, утроил и все эти мучения, всю медленную казнь! А у вас еще хвалились, что отменена пытка. Царица этого, наверное, не знает, ты и тут ее провел.

— Успокойтесь… скажите, кто вы? — продолжал Орлов. — Откройте мне. Я умолю государыню; она окажет мне и вам милость, вас освободит…

— Diavolo!⁶ Он спрашивает, кто я? — проговорила, задыхаясь от прилива нового бешенства, княжна. — Да разве ты не видишь, что я кончила со светом, умираю? Зачем это тебе?

Она неистово закашлялась, упала головой к стене и смолкла.

«Вот умрет, не выговорит», — думал, стоя близ нее, Орлов.

— В богатстве и счастье, — произнесла, придя в себя, пленница, — в унижении и в тюрьме, я твержу одно… и ты это знаешь… Я — дочь твоей былой царицы! — гордо сказала она, поднимаясь. — Слышишь ли, ничтожный, подлый раб, я прирожденная ваша великая княжна…

Смелая мысль вдруг осенила Орлова. «Эх, беда ли? — подумал он. — Проживет недолго, разом угожу обеим».

Он опустился на одно колено, схватил исхудалую, бледную руку пленницы и горячо припал к ней губами.

— Ваше высочество! — проговорил он. — Элиз! простите, клянусь, я глубоко виноват… так было велено… я сам находился под арестом, теперь только освобожден…

Пленница молча глядела на него большими, удивленными глазами, прижимая ко рту окровавленный кашлем платок.

— Умоляю, нас, по истине, торжественно обвенчают, — продолжал Орлов, — станьте моею женой… Все тогда, ваше высочество, дорогая моя… Элиз!.. знатность, мое богатство, преданность и вечные услуги…

— Вон, изверг, вон! — крикнула, вскакивая, арестантка. — Этой руки искали принцы, короли… не тебе ее касаться, — заклейменный предатель, палач!

---

⁶ дьявол! (ит.)

«Не стесняется, однако! — подумал обер-комендант Чернышев, слышавший из-за двери крупную французскую брань и проклятия арестантки. — Уйти поздорову; граф еще сообразит, что были свидетели, вломится в амбицию, отомстит!»

Комендант ушел.

Тюремщик, стоявший с ключами в коридоре и также слышавший непонятные ему гневные крики, топанье ногами и даже, как ему показалось, швырянье в гостя какими-то вещами, тоже отошел и прижался в угол, рассуждая:

«Мамзюлька, видно, просит лучших харчей, да, должно, не по артикулу, — серчает на генерала... ох-хо! куда ей, сухопарой... все щи да щи, вчера только дали молока...»

Бешеные крики не прерывались. Зазвенело брошенное об пол что-то стеклянное.

Дверь каземата быстро распахнулась. Из нее вышел Орлов, робко пригибаясь под несоразмерной с его ростом перекладиной. Лицо его было красно-багровое. Он на минуту замедлился в коридоре, оглядываясь и как бы собираясь с мыслями.

Нащупав под мышкой треугол, граф дрожащей рукой оправил прическу и фалды кафтана, бодро и лихо выпрямился, молча вышел, сел под проливным дождем в карету и крикнул кучеру:

— К генерал-прокурору!

По мере удаления от крепости, Орлов более обдумывал только что происшедшее свидание.

— Змея, однако, сущая змея! — шептал он, поглядывая из кареты по улицам. — Как жалила!

Он сдержанно и с полным самообладанием вошел к князю Александру Алексеевичу Вяземскому. Был уже вечер; горели свечи. Орлов чувствовал некоторую дрожь в теле и потирал руки.

— Прошу садиться, — сказал генерал-прокурор, — что? озябли?

— Да, князь, холодновато.

Вяземский приказал подать ликеру. Принесли красивый графин и корзинку с имбирными бисквитами.

— Откушайте, граф... Ну, что наша самозванка? — произнес генерал-прокурор, оставляя бумаги, в которых рылся.

— Дерзка до невероятия, упорствует, — ответил граф Алексей Григорьевич, наливая рюмку густой душистой влаги и поднося ее к носу, потом к губам.

— Еще бы! — проговорил князь. — Дешево не хочет уступать своих мнимых титулов и прав.

— Много уже с нею возятся; нужны бы иные меры, — сказал Орлов.

— Какие же, батенька, меры? Она при последних днях... не придушить же ее.

— А почему бы и нет? — как бы про себя произнес Орлов, опуская бисквит в новую рюмку ликера. — Жалеть таких!

Генерал-прокурор из-за зеленого абажура, прикрывавшего свечи, искоса взглянул на гостя.

— И ты, Алексей Григорьевич, это не шутя... посоветовал бы? — спросил он.

— Для блага отечества и как истый патриот... не только посоветовал бы, очень бы одобрил! — ответил Орлов, прохаживаясь и пожевывая сладкий, таявший во рту бисквит.

«Mais c'est un assassin dans l'ame! — подумал с виду суровый, обыкновенно насупленный верховный судья, с ужасом прислушиваясь к мягкому шарканью Орлова по ковру. — C'est en lui comme une mauvaise habitude!»[7]

Орлов, вынув лорнет и покусывая новый ломоть имбирного бисквита, рассматривал на стене изображение Психеи с Амуром.

— Откуда эта картина? — спросил он.

— Государыня пожаловала... Вы же, граф, когда изволите обратно в Москву?

— Завтра рано, и не замедлю передать о новом запирательстве наглой лгуньи.

Вяземский пошевелил кустоватыми бровями.

— А вам известно показание арестантки на ваш счет? — пробурчал он, роясь в бумагах.

У Орлова из рук выпал недоеденный бисквит.

— Да, представьте, ведь это из рук вон! — ответил граф. — Преданность, верность и честь, ничто не пощажено... И что поразительно, князь... втюрилась в меня бес-баба да, взведя такую небылицу, от меня же еще нынче, проходимка, упорно требовала признания брака с ней.

— Не могу не удивиться, — произнес Вяземский, — эти переодеванья с ризами, извините... и для чего это напрасное кощунство? Ох, отдадите, батюшка граф, ответ богу... мне бы весь век это снилось...

Орлов хотел отшутиться, попытался еще что-то сказать, но молчание хмурого, медведеобразного генерал-прокурора ему показывало, что дворский кредит был давно на исходе и что сам он, несмотря на прошлые услуги, как уже никому не нужный, старый хлам, мог желать одного — оставления его на полном покое.

«Летопись заканчивается! Очевидно, скоро буду на самом дне реки! —

---

[7] Но это же убийца в душе! У него это стало скверной привычкой! (фр.)

подумал Орлов, оставляя Вяземского. — В люк куда-нибудь спустят, в Москву или еще куда подалее. Состарились мы, вышли из моды; надо новым дать путь».

Он так был смущен приемом генерал-прокурора, что утром следующего дня отслужил молебен в церкви Всех-скорбящих-радости, а перед отъездом в Москву даже гадал у какой-то армянки на Литейной.

24

Мир с Турцией был торжественно отпразднован в Москве тринадцатого июля.

При этом вспомнили Голицына и прислали ему в Петербург за очищение Молдавии от турок брильянтовую шпагу. Орлов получил похвальную грамоту, столовый богатый сервиз, императорскую дачу близ Петербурга и прозвание Чесменского.

«Сдан в архив, окончательно сдан!» — мыслил при этом Алексей Григорьевич. В Петербург, вслед за двором, его уже, действительно, не пустили. С тех пор ему было указано местожительство в Москве, в числе других поселившихся там первых пособников императрицы.

Отрадно и безмятежно, казалось, потекли с этого времени дни Чесменского на вольном московском покое. Домочадцы графа, между тем, подмечали, что порой на него находили припадки нешуточной острой хандры, что он нередко совершенно невзначай служил то панихиды, то молебны с акафистами, прибегал к гадальщикам-цыганам и втихомолку брюзжал, как бы жалуясь на изменницу, некогда так его баловавшую судьбу.

Ехал ли граф Алехан в морозный ясный вечер по улице, из-под осыпанной инеем шапки вглядываясь в прохожих и в мерный бег своего легконогого рысака, его мысли уносились к иным теплым небесам, к голубым прибрежьям Морей и Адриатики, к мраморным венецианским и римским дворцам.

Моросил ли мелкий осенний дождь и была чудная охота по чернотропу, граф, в окрестностях Отрады или Нескучного, подняв в березовом срубе матерого беляка и спуская на него любимых борзых, бешено скакал за ним на кабардинце, но мгновенно останавливался. Дождь продолжал шелестеть в мокром березняке, конь шлепал по лужам и глине, а граф думал о другом, о далекой той же Италии, о Риме, Ливорно и сманенной, погубленной им Таракановой.

«Где она и что сталось с нею? — рассуждал он. — Жива ли она после родов, там ли еще, или ее куда вновь упрятали?»

С падением фавора брата, князя Григория, граф Алексей Чесменский так быстро отдалился от двора, что не только положительно не знал, но и не смел допытываться о дальнейшей судьбе соблазненной им и похищенной красавицы.

Осенью того же года в Москве кем-то был пущен слух, будто из Петербурга в Новоспасский женский монастырь привезли некую таинственную особу, что ее здесь постригли и, дав ей имя Досифеи, поместили в особой, никому не доступной келье. Москвичи тихомолком шушукались, что инокиня Досифея — незаконная дочь покойной царицы Елисаветы и ее мужа в тайном браке, Разумовского.

Что перечувствовал при этих толках граф Алексей, о том знали только его собственные помыслы. «Она, она! — говорил он себе, в волнении, не зная, что жертва, княжна Тараканова, по-прежнему безнадежно томится в той же крепости. — Некому быть, как не ей; отреклась от всего, покорилась, приняла постриг...»

Мысли о новоприбывшей пленнице не покидали графа. Они так его смущали, что он даже стал избегать езды по улице, где был Новоспасский монастырь, а когда не мог его миновать и ехал возле, то отворачивался от его окон.

«Предатель, убийца!» — раздавалось в его ушах при воспоминании о последней встрече с княжной в крепости. И он мучительно перебирал в уме это свидание, когда она осыпала его проклятиями, топая на него, плюя ему в лицо и бешено швыряя в него чем попало.

Чесменский вздумал было однажды разговориться о ней с московским главнокомандующим, князем Волконским, заехавшим к нему запросто — полюбоваться его конюшнями и лошадьми. Они возвратились с прогулки на конский двор и сидели за вечерним чаем. Граф-хозяин начал издалека — о заграничных и родных вестях и толках и, будто мимоходом, осведомился, что за особа, которую, по слухам, привезли в Новоспасский монастырь.

— Да вы, граф, куда это клоните? — вдруг перебил его князь Михаил Никитич.

— А что? — спросил озадаченный Чесменский.

— Ничего, — ответил Волконский, отвернувшись и как бы рассеянно глядя в окно, — вспомнилась, видите ли, одна прошлогодняя питерская оказия о дворе...

— Какая оказия? Удостойте, батюшка князь?! — с улыбкой и поклоном произнес граф. — Ведь я недавний ваш гость и многого не знаю из новых, столь любопытных и ныне нам не доступных, дворских палестин.

— Извольте, — начал Волконский, покашливая и по-прежнему глядя в окно, — дело, если хотите, не важное, и скорее забавное... Генерал-майоршу Кожину знаете?.. Марья Дмитриевна... бойкая такая, красивая и говорунья?

— Как не знать! Часто ее видел до отъезда в чужие края.

— Ну-с, сболтнула она, говорят, где-то будто бы такие-то, положим, Аболешевы там, или не помню кто, решили покровительствовать новому счастливцу, Петру Мордвинову... тоже, верно, знаете?

Орлов молча кивнул головой.

— Покровительствовать... Ну, понимаете, чтоб подставить ногу...

— Кому? — спросил Орлов.

— Да будто самому, батюшка, Григорию Александровичу Потемкину.

— И что же?

— А вот что, — проговорил главнокомандующий, — в собственные покои немедленно был позван Степан Иванович Шешковский и ему сказано: «Езжай, батюшка, сию минуту в маскарад и найди там генеральшу Кожину; а найдя, возьми ее в тайную экспедицию, слегка там на память телесно отстегай и потом, туда же, в маскарад, оную бäрыньку с благопристойностью и доставь обратно».

— И Шешковский? — спросил Орлов.

— Взял барыньку, исправно посек и опять, как велено, доставил в маскарад; а она, чтобы не заметили бывшего с нею случая, промолчала и преисправно кончила все танцы, на кои была звана, все до одного — и менуэт, и монимаску, и котильон.

Орлов понял горечь намека и с тех пор о Досифее более не расспрашивал.

Не радовали графа и беседы с его управляющим Терентьичем Кабановым, наезжавшим в Нескучное из Хренового. Терентьич был из грамотных крепостных и являлся одетый по моде, в «перленевый» кафтан и камзол, в «просметальные» башмаки с оловянными пряжками, в манжеты и с черным шелковым кошельком на пучке пудреной косы.

Граф наливал ему чарку заморского, дорогого вина, говоря:

— Попробуй, братец, не вино... я тебе человечьего веку рюмочку налил...

Терентьич отказывался.

— Полно, милый! — угощал граф. — Ужли забыл поговорку: день мой — век мой? Веселись, в том только и счастье... да, увы, не для всех.

— Верно, батюшка граф! — говорил Кабанов, выпивая предлагаемую чарку. — Мы что? рабы… Но вам ли воздыхать, не жить в сладости-холе, в собственных, распрекрасных вотчинах? Места в них сухие и веселые, поля скатистые, хлебородные, воды ключевые, лесов и рощ тьма, крестьяне все хлебопашцы, не бобыли, благодаря вашей милости. Вы же, сударь, что-то как бы скучны, а слыхом слыхать, иногда даже сумнительны.

— Сумнительств и подозрениев, братец, на веку не обраться! — отвечал граф. — Вот ты прошлую осень писал за море, хвалил всходы и каков был рост всякого злака; а что вышло? Сказано: не по рости, а по зерни.

— Верно говорить изволите, — отвечал, вздыхая, Терентьич.

— Вот хоть бы и о прочих делах, — продолжал граф. — Много у меня всякого разъезду и ко мне приезду; а веришь ли, ничего, как прежде, не знаю. Был Филя в силе, все в други к нему валили… а теперь…

Граф смолкал и задумывался.

«Ишь ты, — мыслил, глядя на него, Кабанов, — при этакой силе и богатстве — обходят».

— Да, братец, — говорил Орлов. — Тяжкие пришли времена, разом попал промеж двух жерновов; служба кончена, более в ней не нуждаются, а дома… скука…

— Золото, граф, огнем искушается, — отвечал Терентьич, — человек — напастями. И не вспыхнуть дровам без подтопки… а я вам подтопочку могу подыскать…

— Какую?

— Женитесь, ваше сиятельство.

— Ну, это ты, Кабанов, ври другим, а не мне, — отвечал Чесменский, вспоминая недавний совет о том же предмете Концова.

25

Судьба Таракановой, между тем, не улучшилась, Московские празднества в честь мира с Турцией заставили о ней на некоторое время позабыть. После их окончания ей предложили новые обвинительные статьи и новые вопросные пункты. Был призван и напущен на нее сам Шешковский. Допросы усилились. Добиваемая болезнью и нравственными муками, в тяжелой, непривычной обстановке и в присутствии бессменных часовых, она с каждым днем чахла и таяла. Были часы, когда ждали ее немедленной кончины.

После одного из таких дней арестантка схватила перо и набросала письмо императрице.

«Исторгаясь из объятий смерти, — писала она, — молю у Ваших ног. Спрашивают, кто я? Но разве факт рождения может для кого-либо считаться преступлением? Днем и ночью в моей комнате мужчины. Мои страдания таковы, что вся природа во мне содрогается Отказав в Вашем милосердии, Вы откажете не мне одной...»

Императрица досадовала, что еще не могла оставить Москвы и лично видеть пленницу, которая вызывала к себе то сильный ее гнев, то искреннее, невольное, тайное сожаление.

В августе фельдмаршал Голицын опять посетил пленницу.

— Вы выдавали себя персианкой, потом родом из Аравии, черкешенкой, наконец, нашею княжной, — сказал он ей, — уверяли, что знаете восточные языки; мы давали ваши письмена сведущим людям — они в них ничего не поняли. Неужели, простите, и это обман?

— Как это все глупо! — с презрительной усмешкой и сильно закашливаясь, ответила Тараканова. — Разве персы или арабы учат своих женщин грамоте? Я в детстве кое-чему выучилась там сама. И почему должно верить не мне, а вашим чтецам?

Голицыну стало жаль долее, по пунктам, составленным Ушаковым, расспрашивать эту бедную, еле дышавшую женщину.

— Послушайте, — сказал он, смигивая слезы и как бы вспомнив нечто более важное и настоятельное, — не до споров теперь... ваши силы падают... Мне не разрешено, — но я велю вас перевести в другое, более просторное помещение, давать вам пищу с комендантской кухни... Не желаете ли духовника, чтобы... понимаете... все мы во власти божьей... чтобы приготовиться...

— К смерти, не правда ли? — перебила, качнув головой, пленница.

— Да, — ответил Голицын.

— Пришлите... вижу сама, пора...

— Кого желаете? — спросил, нагнувшись к ней, князь, — католика, протестанта или нашей греко-российской веры?

— Я русская, — проговорила арестантка, — пришлите русского, православного.

«Итак, кончено! — мыслила она в следующую, как и прежние, бессонную ночь. — Мрак без рассвета, ужас без конца. Смерть... вот она близится, скоро... быть может, завтра... а они не утомились, допрашивают...»

Пленница привстала, облокотилась об изголовье кровати.

«Но кто же я наконец? — спросила она себя, устремляя глаза на образ спаса. — Ужели трудно дать себе отчет даже в эти, последние, быть

69

может, минуты? Ужели, если я не та, за какую себя считала, я не сознаюсь в том? из-за чего? из чувства ли омерзения к ним, или из-за непомерного гнева и мести опозоренной ими, раздавленной женщины?»

И она старалась усиленно припомнить свое прошлое, допытываясь в нем мельчайших подробностей.

Ей представилась ее недавняя, веселая, роскошная жизнь, ряд успехов, выезды, приемы, вечера. Придворные, дипломаты, графы, владетельные князья.

«Сколько было поклонников! — мыслила она. — Из-за чего-нибудь они ухаживали за мною, предлагали мне свое сердце и достояние, искали моей руки... За красоту, за уменье нравиться, за ум? Но есть много красивых и умных, более меня ловких женщин; почему же князь Лимбургский не безумствовал с ними, не отдавал им, как мне, своих земель и замков, не водворял их в подаренных владениях! Почему именно ко мне льнули все эти Радзивиллы и Потоцкие, почему искал со мною встречи могучий фаворит бывшего русского двора Шувалов? Из-за чего меня окружали высоким, почти благоговейным почтением, жадно расспрашивали о прошлом? Да, я отмечена промыслом, избрана к чему-то особому, мне самой непонятному».

— Детство! в нем одном разгадка! — шептала пленница, хватаясь за отдаленнейшие, первые свои воспоминания. — В нем одном доказательство.

Но это детство было смутно и не понятно ей самой. Ей припоминалась глухая деревушка где-то на юге, в пустыне, большие тенистые деревья над невысоким жильем, огород, за ним — зеленые, безбрежные поля. Добрая, ласковая старуха ее кормила, одевала. Далее — переезд на мягко колыхавшейся, набитой душистым сеном подводе, долгий веселый путь через новые неоглядные поля, реки, горы и леса.

— Да кто же я, кто? — в отчаянии вскрикивала арестантка, рыдая и колотя себя в обезумевшую, отупелую голову. — Им нужны доказательства!.. Но где они? И что я могу прибавить к сказанному? Как могу отделить правду от навеянного жизнью вымысла? Может ли, наконец, заброшенное, слабое, беспомощное дитя знать о том, что от него со временем грозно потребуют ответа даже о самом его рождении? Суд надо мною насильный, неправый. И не мне помогать в разубеждении моих притеснителей. Пусть позорят, путают, ловят, добивают меня. Не я виновна в моем имени, в моем рождении... Я единственный, живой свидетель своего прошлого; других свидетелей у них нет. Что же они злобствуют? У господа немало чудес. Ужели он в возмездие слабой угнетаемой не явит чуда, не распахнет двери этого гроба-мешка, этой каменной, злодейской тюрьмы!..

26

Миновали теплые осенние дни. Настал дождливый суровый ноябрь.

Отец Петр Андреев, старший священник Казанского собора, был образованный, начитанный и еще не старый человек. Он осенью 1775 года ожидал из Чернигова дочь брата, свою крестницу Варю. Варя выехала в Петербург с другою, ей знакомою девушкой, имевшей надежду лично подать просьбу государыне по какому-то важному делу.

Домишко отца Петра, с антресолями и с крыльцом на улицу, стоял в мещанской слободке, сзади Казанского собора и боком ко двору гетмана Разумовского. Дубы и липы обширного гетманского сада укрывали его черепичную крышу, простирая густые, теперь безлистные ветви и над крошечным поповским двором.

Овдовев несколько лет назад, бездетный отец Петр жил настоящим отшельником. Его ворота были постоянно на запоре. Огромный цепной пес, Полкан, на малейшую тревогу за калиткой поднимал нескончаемый, громкий лай. Редкие посетители, вне церковных треб имевшие дело к священнику, входили к нему с уличного крыльца, бывшего также все время назаперти.

Письмо племянницы обрадовало отца Петра. В нем он прочитал и нечто необычайное. Варя писала, что соседняя с их хутором барышня, незадолго перед тем, получила из-за границы, от неизвестного лица при письме на ее имя, пачку исписанных листков, найденную где-то в выброшенной морем, засмоленной бутыли.

«Милый крестный и дорогой дядюшка, простите глупому уму, — писала дяде Варя, — прочли мы с этою барышней те бумаги и решили ехать, и едем; а к кому было, как не к вам, направить сироту? Год назад она схоронила родителя, а в присланных листках описано про персону такой важности, что и сказать о том — надо подумать. Сперва барышня полагала отправить ту присылку в Москву, прямо ее величеству, да порешили мы спроста иначе, вы, крестный дяденька, знаете про всякие дела, всюду вхожи и везде вам внимание и почет; как присоветуете, тому и быть. А имя барышни Ирина Львовна, а прозвищем дочка бригадира Ракитина».

«Ветрогонки, вертухи! — заботливо качая головой, мыслил священник по прочтении письма. — Эк, сороки, обладили какое дело… затеяли из Чернигова в Питер, со мною советоваться… нашли с кем!..»

Каждый вечер, в сумерки, отец Петр, не зажигая свечи, любил запросто, в домашнем подряснике, прохаживаться по гладкому, холщовому половику, простланному вдоль комнат, от передней в приемную, до спальни, и обратно. Он в это время подходил к горшкам гераний и других цветов, стоявших по окнам, ощипывал на них сухие листья и сорную травку, перекладывал книги на столах, посматривал на клетку со спящим скворцом, на киот с образами и на теплившуюся лампадку и все думал-думал: когда, наконец, оживятся его горницы? когда явятся вертуньи?

Гости подъехали.

Дом священника ожил и посветлел. Веселая и разбитная крестница Варюша засыпала дядю вестями о родине, о знакомых и о путевых приключениях. Слушая ее, отец Петр думал:

«Давно ли ее привозили сюда, невзрачною, курносою, молчаливою и дикою девочкой? А теперь — как она жива, мила и умна! Да и ее спутница... вот уж писаная красавица! Что за густые, черные косы, что за глаза! И в другом роде, чем Варя, — задумчива, сдержанна, строга и горда!»

После первых радостных расспросов и возгласов дядя ушел на очередь ко всенощной, а гостьи наскоро устроились на вышке, собрали узелки, сходили с кухаркой в баню и, возвратясь, расположились у растопленного камелька. Отец Петр застал их красными, в виде вареных раков, с повязанными головами и за чаем. Разговорились и просидели далеко за полночь.

— А где же, государыни мои, привезенное вами? — спросил, отходя ко сну, отец Петр. — Дело любопытное и для меня... в чем суть?

Девушки порылись в укладках и узелках, достали и подали ему сверток с надписью: «Дневник лейтенанта Концова».

27

Отец Петр спустился в спальню, задернул оконные занавески, поставил свечу у изголовья, прилег, не раздеваясь, на постель, развернул смятую тетрадь синей, заграничной почтовой бумаги, с золотым обрезом, и начал читать.

Он не спал до утра.

История княжны Таракановой, принцессы Владимирской, известная отцу Петру по немногим, сбивчивым слухам, раскрылась перед ним с неожиданными подробностями.

«Так вот что это, вот о ком здесь речь! — думал он, с первых строк, о загадочной княжне, то отрываясь от чтения и лежа с закрытыми глазами, то опять принимаясь за рукопись. — И где теперь эта бедная, так коварно похищенная женщина? — спрашивал он себя, дойдя до ливорнской истории. — Где она влачит дни? И спасся ли, жив ли сам писавший эти строки?»

Сгорела одна свеча, догорала и другая. Отец Петр дочитал тетрадь, погасил щипцами мигавший огарок, прошел в другие комнаты и стал бродить из угла в угол по половику. Начинал чуть брезжить рассвет.

— Ах, события! ах, горестное сплетение дел! — шептал священник. — Страдалица! помоги ей господь!

Проснулся в клетке скворец и, видя столь необычное хождение хозяина, странно, пугливо чокнул.

«Еще всех разбудишь!» — решил отец Петр. Он на цыпочках возвратился в спальню, прилег и снова начал обсуждать прочтенное. Его мысли перенеслись в прошлое царствование, в море тайных и явных ему, как и другим, известных событий. Священник заснул. Его разбудил благовест к заутрени. Сквозь занавески светило бледное туманное утро. Отец Петр запер в стол рукопись, пошел в церковь, отправил службу и возвратился черным ходом через кухню. Завидя крестницу с утюгом, у лесенки на вышку, он ее остановил знаком.

— А скажи, Варя, — произнес он вполголоса, — этот-то, писавший дневник... Концов, что ли... видно, ей жених?..

Варя послюнила палец, тронула им об утюг, тот зашипел.

— Сватался, — ответила она, помахивая утюгом.

— Ну и что же?

— Ирина Львовна ничего... отец отказал.

— Стало, разошлось дело?

— Вестимо.

— А теперь?

— Что на это сказать? Сирота она, и рада бы, может... на своей ведь теперь воле... да где он?

— Корабль, видно, потонул? — произнес отец Петр.

— Где про то дознаться в нашей глуши! Вам бы, дяденька, проведать у моряков; не одни люди, погибли и графские богатства... Где-нибудь да есть же след...

— Кто твоей товарке выслал эти листки?

— Бог его ведает. С почты привезли повестку Ариша и получила. На посылке была надпись — Ракитиной, там-то, а в записке на французском языке сказано, что рукопись найдена рыбаками в бутыли, где-то на

73

морском берегу. В Ракитном Ирина нынче одна из всей родни осталась, как перст, ей и доставили посылку…

Священник, не подавая о том вида ни крестнице, ни гостье, пустился в усердные разведки. Его старания были неуспешны.

В морской коллегии оказалась только справка, что фрегат «Северный орел», на котором везли из Италии больных и отсталых флотской команды и собственные вещи графа Орлова, действительно был унесен бурей в Атлантический океан, что его видели некоторое время за Гибралтаром, у африканских берегов, невдали от Танжера, и что, очевидно, он разбился и утонул где-либо у Азорских или Канарских островов. О судьбе же лейтенанта Концова и даже о том, ехал ли он именно на этом корабле и спасся ли при этом он или кто другой, не могло быть и справки, так как, по-видимому, весь экипаж утонул. Бывший же начальник эскадры Орлов и ее ближайший командир Грейг в то время находились в Москве, а еще спрашивать было некого. В иностранных газетах проскользнула только кем-то пущенная весть, будто какие-то моряки видели в океане разбитый корабль, без команды, несшийся далее на запад, к Мадере и Азорским островам. Подойти к нему и его осмотреть не допустил сильный шторм.

«Жаль барыньку, — мыслил священник, глядя на Ракитину, — экая умница, да степенная! Богата, молода… Вот бы парочка тому-то, претерпевшему, спаси его господь!.. Нет, видно, и он погиб с другими, был бы жив, отозвался бы на родину, товарищам по службе или родным…»

Он улучил однажды свободный час и разговорился с Ириной.

— Скажите, барышня, — произнес священник, — я слышал от племянницы о вашей печали, вас, очевидно, с расчетом развели враги, подставили вам другого жениха. Как это случилось? Почему пренебрегли Концовым?

— Сама не понимаю, — ответила Ирина, — мой покойный отец был расположен к Павлу Евстафьевичу, ласкал его, принимал, как доброго соседа, почти как родного. А уж я-то его любила, мыслью о нем только и жила.

— И что же? Как разошлось?

— Не спрашивайте, — произнесла Ирина, склонив голову на руки, — это такое горе, такое… Мы видались, переписывались, были встречи… я ему клялась искренно, мы только ждали минуты все сказать, открыть отцу…

Ракитина смолкла.

— Ужасно вспомнить, — продолжала она. — Отец, надо полагать, получил какое-нибудь указание, Концова могли ему чем-нибудь опорочить — могли на него наклеветать… Вдруг — это было вечером —

вижу запрягают лошадей. «Куда?» — спрашиваю. Отец молчит; выносят вещи, поклажу. У нас гостил родственник из Петербурга; мы втроем сели в карету. «Куда мы?» — спрашиваю отца. «Да вот, недалеко прокатимся», — пошутил он. А шутка вышла такая, что мы без остановки на почтовых проехали в другое имение за тысячу верст. Ни писать, ни иначе дать весть Концову мне долгое время не удавалось, за мной следили. И уже когда отец тяжело заболел в том имении, я отцу все высказала, молила его не губить меня, позволить известить Концова. Он горько заплакал и сказал: «Прости, Ариша, тебя и меня, вижу, жестоко обошли». — «Да кто? кто? — спрашиваю, — ужли тот родной искал моей руки?» — «Не руки — денег искал, да боялся, что Концов, оберегая нас, помешает ему. Он наскочил на его письмо к тебе, наговорил на Концова и склонил меня, старого, увезти тебя. Прости, Аринушка, прости; бог покарал и его, недоброго; взял он у меня взаймы, но в Москве проигрался в карты и застрелился, — оставил письмо… вот оно, читай; на днях его переслали мне». Отец недолго потом жил. Я возвратилась в Ракитное; Концова уже не застала там; умерла и его бабка. Я писала в Петербург, куда он выехал, писала и в чужие края, на флот; но тогда была война, письма к нему, очевидно, не доходили. Потом его плен в Турции… потом… вот моя судьба.

— Молитесь, добрая моя, молитесь, — произнес священник. — Горька ваша доля… Тут одно спасение и защита — господь.

Прошло еще несколько дней. Ракитина без устали собирала справки, хлопотала, но все безуспешно.

— Что же, Ирина Львовна, — сказал однажды отец Петр своей гостье, — ездите вы, вижу, все напрасно — то в одно, то в другое место, справляетесь, тревожитесь… Государыня, слышно, будет еще не скоро. Написали бы к начальству Павла Евстафьевича в Москву… не знает ли чего хоть бы граф Орлов?

— Покорно благодарствую, батюшка! — ответила, с поклоном, Ракитина. — Помолитесь, не узнаем ли чего о том корабле без команды? Не прибило ли его куда-нибудь, и не спасся ли на нем хоть кто-нибудь, в том числе и Концов… Вчера вот граф Панин обещал разведать через иностранную коллегию, в Испании и на Мадере; Фонвизин, писатель, тоже вызвался… не будет ли вести, обожду еще, а то пора бы и домой, — да как ехать, без успеха… Этот корабль, этот призрак все у меня перед глазами…

28

Вечером первого декабря 1775 года была особенно ненастная и дождливая погода. Снег, выпавший с утра, растаял. Везде стояли лужи. Экипажи и редкие пешеходы уныло шлепали по воде. Была буря. Она ревела над домом священника, стуча ставнями и раскачивая у забора огромные деревья в смежном, гетманском саду. Нева вздулась. Все ждали наводнения. С крепости изредка раздавались глухие пушечные выстрелы.

Отец Петр сидел сумрачный на вышке у барышень. Разговор под вой и рев ветра не клеился и часто смолкал. Варя гадала на картах; Ирина, с строгим и недовольным лицом, рассказывала, какие алчные пиявки все эти секретари в иностранной коллегии, переводчики и даже писцы; несмотря на приказ и личное внимание графа Панина, они все еще не снеслись с кем надо в Испании и на островах, составляли проекты бумаг, переписывали их, переводили и вновь переписывали, лишь бы тянуть.

— Да вы бы смазочку… через прислугу, или как, — сказал священник.

— Давали и прямо в руки, — ответила Варя за подругу.

Та с укоризной на нее взглянула.

— Ох, уж эти волостели-радетели! — произнес отец Петр. — Пора бы из Москвы обратно государыне; плохо без нее.

Дождь наискось хлестал в окна, как град. Измокший и озябший сторожевой пес забрался в конуру, свернулся калачом и молчал, как бы сознавая, что при такой буре и пушечных выстрелах всем, разумеется, не до него.

Вдруг после одного из выстрелов с крепости пес отрывисто и особенно злобно залаял. Сквозь гул ветра послышался стук в калитку. Девушки вздрогнули.

— Аксинья спит, — сказал отец Петр о кухарке. — Кому-то, видно, нужно… с крыльца не дозвонились.

— Я, дяденька, отворю, — сказала Варя.

— Ну, уж по твоей храбрости, лучше сиди.

Священник, опустясь со свечой в сени, отпер уличную дверь. Вошел несколько смокший на крыльце, в треуголке и при шпаге, невысокий, толстый человек, с красным лицом.

— Секретарь главнокомандующего, Ушаков! — сказал он, встряхиваясь. — Имею к вашему высокопреподобию секретное дело.

Священник струхнул. Ему вспомнились бумаги, привезенные Ракитиной. Он запер дверь, пригласил незнакомца в кабинет, зажег другую свечу и, указав гостю стул, сел, готовясь слушать.

— Проповеди-с Массильона? — произнес Ушаков, отирая окоченелые руки и присматриваясь к книге знаменитых «Sermons»[8], лежащих у отца Петра на столе. — Изволите хорошо знать по-французски?

— Маракую, — ответил священник, мысля: «Что ему в самом деле до меня и в такой поздний час?»

— Вероятно, батюшка, изволите знать и по-немецки? — спросил Ушаков. — А кстати, может быть, и по-итальянски?

— По-немецки тоже обучался; итальянский же близок к латинскому.

— Следовательно, — продолжал гость, — хоть несколько и говорите на этих языках?

«Вот явился прецептор, экзаменовать!» — подумал священник.

— Могу-с, — ответил он.

— Странны, не правда ли, отец Петр, такие вопросы, особенно ночью? — произнес гость. — Ведь согласитесь, странны?

— Да, таки, поздненько, — ответил, зевнув и смотря на него, священник.

Ушаков переложил ногу на ногу, вскинул глаза на стену, увидел в рамке за стеклом портрет опального архиерея, Арсения Мацеевича, и подумал: «Вот что! Сочувственник этому вралю... надо быть настойчивее, резче!»

— Ну, не буду длить, вот что-с, — объявил он. — Его сиятельству, господину главнокомандующему, благоугодно, чтобы ваше высокопреподобие, взяв нужные святости, тотчас и без всякого отлагательства потрудились отправиться со мной в одно место... Там иностранка-с... греко-российской веры...

— В чем же дело?

— Нужно совершение двух таинств.

— Каких именно?

— А вам, извините, зачем знать? разве нужно заранее? — возразил Ушаков. — Тут не должно быть колебаний, повеление свыше.

— Необходимо приготовиться, — сказал священник, — что именно ранее?

— Сперва крещение, потом исповедь с причастием, — ответил Ушаков.

— И теперь же, ночью?

— Так точно-с, карета готова.

— Позволите взять причетника?

— Велено, слышите ли, без свидетелей.

— Куда же это, смею спросить?

---

[8] "Проповеди" (фр.)

— Ответить не могу. Изволите увидеть после, а теперь одно — беспродлительно и в полном секрете! — заключил Ушаков, кланяясь как-то кверху, хотя, в знак просьбы, обеими руками прижимая к груди обрызганный дождем треугол.

— Могу объявить домашним, успокоить их?

Ушаков, зажмурясь, отрицательно замахал головой.

Священник взял крест и книги, крикнул на вышку: «Варенька, запри дверь!» — и когда племянница спустилась в сени, карета, гремя, уже катилась по улице. Подъехав к церковной ограде, отец Петр разбудил привратника, вошел в церковь и взял дароносицу.

29

Путники остановились у дома главнокомандующего Голицына. Князю доложили о прибытии священника. Тот его пригласил в спальню, где уже был в халате.

— Извините, батюшка, — сказал, наскоро одеваясь, главнокомандующий. — Дело важное, воля высшего начальства... Я сперва должен взять с вас клятвенное обещание, что вы вечно будете молчать о слышанном и виденном в предстоящем деле. Клянетесь ли?

— Как приносящий бескровную жертву, — отвечал отец Петр, — я буду верен монархине и без клятвенных слов.

Голицын было замялся, но не настаивал. Он сообщил священнику сведения, добытые о пленнице.

— Знали ль вы о ней что-нибудь прежде? — спросил князь.

— Кое-что дошло по молве...

— Известно ли вам, что она теперь в Петербурге?

— Впервые слышу.

Голицын сообщил о тревоге государыни, об иностранных враждебных партиях, о поддельных завещаниях.

— Доктор более не ручается за ее жизнь, — прибавил фельдмаршал, — не только дни, часы ее сочтены.

Отец Петр перекрестился.

— Она желает приготовиться, — продолжал князь, подбирая слова, — не мне вас учить. Вы, как добрый пастырь, доведете ее, вероятно, до полного раскаяния и сознания, кто она, и если обманно звалась принятым именем, то узнаете, кто ее тому научил... исполните ли?

Священник медлил ответом.

— Даете ли слово помочь правосудию?

— Долг пастыря и свои обязанности знаю, — покашливая, сухо ответил отец Петр.

— Можете ехать, — сказал, кланяясь, князь, — вас проводят, куда нужно; а меня простите за тревогу в такое время.

Карета с священником и Ушаковым направилась к крепости. У дома обер-коменданта они приметили другой экипаж. Духовника ввели в особую комнату. Там его встретил генерал-прокурор, князь Вяземский. Рядом стояли рослый, бравый и румянолицый обер-комендант крепости Чернышев и разряженная, еще моложавая жена последнего.

— Готовы ли все? — спросил Вяземский, оглядываясь.

— Готово, — ответила, несмело приседая, в шуршащих фижменах, обер-комендантша.

— Милости просим, — обратился князь Вяземский к священнику.

Все вошли в соседнюю комнату. Там уже горели в высоких поставцах свечи; между ними стояла купель, и какая-то, в мещанской шубейке, женщина держала что-то завернутое в белое.

— Приступайте, батюшка, — сказал Вяземский, указывая на купель и на то, что держала женщина.

Отец Петр надел ризу, взял поданное Чернышевым кадило, раскрыл книгу и начал крещение. Восприемниками были разряженная, метавшая жеманные взгляды обер-комендантша и сам генерал-прокурор. Имя новорожденному дали Александр. Обряд был кончен. Обер-комендантша все металась с ребенком на руках, глазами и плечами усиливаясь обратить внимание князя на себя и на свое шуршавшее платье.

— Чье дитя? — спросил вполголоса священник, почтительно склоняя крест к подошедшему восприемному отцу. — Как записать в книгу? — спросил отец Петр. — Кто родители?

— Да разве это непременно нужно? — недовольно спросил генерал-прокурор.

— Как повелите… По долгу обряда… мало ли что в будущем… мы должны.

— Запишите, — сказал князь Вяземский. — Александр Алексеев, сын Чесменский.

Священник молча, вздрагивавшей рукой, занес это имя в книгу крещаемых.

— А теперь другая треба… вот ваш вожатый! — сказал со вздохом князь Вяземский, указывая духовнику на вытянувшегося во фронт обер-коменданта. — Надеюсь, все исполнится, как повелено.

С этими словами он вышел и уехал.

Отец Петр, с дароносицей у груди, пошел за Чернышевым. Его сердце сильно забилось, когда они через внутренний мостик вступили в особый, со всех сторон ограждённый двор; он понял, что это был роковой Алексеевский равелин...

Чернышев и его спутник взошли на невысокое крыльцо с длинным полуосвещенным коридором, приблизились к небольшой двери.

«Она здесь», — шепнуло сердце священнику. За дверью оказалась невысокая опрятная комната. Часовых уже там не было. Свеча у кровати слабо озаряла из-за особой тафтяной заставки остальную часть комнаты. Воздух был спертый, с легкой примесью запаха лекарств и как бы ладана. Священник огляделся и молча ступил за ширму.

Больная неподвижно лежала на кровати, но была в памяти.

Она, медленно вглядываясь в вошедшего, узнала, по его одежде, священника и, тихо вздохнув, протянула ему руку.

— Очень, очень рада, святой отец! — проговорила она по-французски. — Понимаете меня? Может быть, вам доступнее немецкий язык?

— Oui, oui, comme il vous platt![9] — неумело выговаривая, ответил отец Петр, вздрогнув от этого грудного, разбитого голоса.

— Я готова, спрашивайте, — проговорила арестантка. — Помолитесь за меня...

30

Священник бережно положил на стол дароносицу, присел на стул у кровати, оправил густую гриву своих волос и, разглядев образок у изголовья больной, тихо нагнулся к ней.

— Ваше имя? — спросил он.

— Princesse Elisabeth[10]...

— Заклинаю вас, говорите правду, — продолжал отец Петр, подбирая французские слова. — Кто ваши родители и где вы родились?

— Клянусь всем, святым богом клянусь, не знаю! — ответила, глухо кашляя, пленница. — Что передавала другим, в том была сама убеждена.

На новые вопросы, чуть слышно, упавшим голосом, она еще кое-что добавила о своем детстве, коснулась юга России, деревушки, где жила, Сибири, бегства в Персию и пребывания в Европе.

---

[9] Да, да, как вам угодно! (фр.)
[10] княгиня Елисавета (фр.)

— Вы христианка? — спросил священник.

— Я крещена по греко-российскому обряду и потому считаю себя православною, хотя доныне, вследствие многих причин, была лишена счастья исповеди и святого причастия… Я много грешила; искавши выхода из своего тяжелого положения, сближалась с людьми, которые меня только обманывали… О, как я вам благодарна за посещение!

— У вас найдены списки с духовных завещаний… от кого вы их получили и кем, откройте мне и господу, составлен ваш манифест к русской эскадре?

— Все это, уже готовое, мне прислано от неизвестного лица, — проговорила больная. — Тайные друзья меня жалели… старались возвратить мои утерянные права.

«Что же это? — раздумывал, слушая ее, изумленный духовник. — Все тот же обман или правда? и если обман, то в такое мгновение!»

— Вы на краю могилы, — произнес он дрогнувшим голосом, — тлен и вечность… покайтесь… между нами один свидетель — господь.

Исповедница боролась с собой. Ее грудь тяжело дышала. Рука судорожно стискивала у рта платок.

— В ожидании божьего праведного суда и близкой кончины, — сказала она, обратя угасший взгляд на стену к образку, — уверяю и клянусь, все, что я сообщила вам и другим, — истина… Более не знаю ничего…

— Но ведь это невозможно, — возразил с чувством отец Петр, — то, что вы передаете, так мало вероятно.

Больная, как бы от невыносимого страдания, закрыла глаза. Слезы покатились по ее бледным, страшно исхудалым щекам.

— Кто были ваши соучастники? — спросил, помедлив, священник.

— О, никаких! Пощадите… и если я, слабая, гонимая, без средств…

Княжна не договорила. Снова страшно закашлявшись, она вдруг приподнялась, ухватилась за грудь, за кровать и в беспамятстве упала. Обморок длился несколько минут. Отец Петр, думая, что она умирает, набожно шептал молитву.

Больная очнулась.

— Успокойтесь, придите в себя, — сказал священник, видя, что ей лучше.

— Не могу более, оставьте, уйдите! — проговорила больная. — В другой раз… дайте отдохнуть…

— Вашего сына сейчас окрестили, — объявил, желая ее ободрить, священник, — поздравляю. Господь милосерден, еще будете жить… для него.

Чуть заметная улыбка скользнула по сжатым, запекшимся губам

арестантки. Глаза смутно глядели в сторону, вверх, куда-то мимо этой комнаты, крепости, мимо всего окружавшего, далеко…

Отец Петр осенил больную крестом, еще постоял над нею, взял дароносицу и, отложив таинство причастия, вышел.

— Ну, что? — спросил его в коридоре обер-комендант. — Исповедали, приобщили?

Священник, склонив голову, молча, поклонился обер-коменданту, сел в карету и уехал из равелина.

Утром второго декабря его опять пригласили со святыми дарами в крепость. Арестантке стало хуже.

— Одумайтесь, дочь моя, облегчите душу покаянием, — увещевал священник. — Заклинаю вас богом, будущей жизнью!

— Я грешна, — ответила, уже не кашляя и как-то странно успокоясь, умирающая, — с юных лет я гневила бога и считаю себя великою, нераскаянною грешницей.

— Разрешаю твои прегрешения, дочь моя, — произнес, искренне молясь и крестя ее, священник, — но твое самозванство, вина перед государыней, сообщники?

— Я русская великая княжна! Я дочь покойной императрицы! — с усилием прошептала коснеющими устами пленница.

Священник нагнулся к ней, думая приступить к причастию. Арестованная была неподвижна, как бы бездыханна.

31

Отец Петр в сильном смущении возвратился домой.

«Да уж и впрямь самозванка ли она? — мыслил он. — Все может утверждать человек из личных выгод; но умирающий… при последнем вздохе… и после таких лишений, почти пытки!.. Что, если она неповинна, не обманщица? Помнит детство, твердит одно… Ведь она здесь и, в самом деле, пока единственный свой свидетель. Ее ли вина, если ее доказательства шатки, даже ничтожны».

Священник вошел к себе в кабинет. Девушек, как он узнал, не было дома; он растопил печь, запер дверь, вынул дневник Концова, снова посмотрел рукопись, вложил ее в чистый лист бумаги, перевязал его шнурком и запечатал, надписав на оболочке: «Вскрыть после моей смерти». Этот сверток он положил на дно сундука, где хранились его другие сокровенные бумаги и рукописи, и, едва замкнул сундук, в дверь постучались.

— Кто там?

— Свои.

Вошла племянница, за нею стояла Ракитина.

— Что это, дяденька, с вами? — спросила, вглядываясь в священника, Варя. — Вы встревожены, другой день куда-то ездите… где были?..

Ирина смотрела также вопросительно. «Уж не получены ли какие вести для меня?» — мыслила она.

— Дело постороннее, не по вашей части! И вы меня, Ирина Львовна, великодушно простите, — обратился священник к Ракитиной, — времена смутные… привезенную вами рукопись опасно держать в доме… вы собираетесь уехать, но и в деревне не безопасно… уж извините старику…

Ирина побледнела.

— Разные ходят слухи, не учинили бы розыска, — продолжал отец Петр, — пеняйте, сударыня, на меня, только я ваши листки…

— Где тетрадь? Неужели сожгли? — вскрикнула Ракитина, взглядывая в растопленную печь.

Отец Петр молча поклонился.

Ирина всплеснула руками.

— Боже, — проговорила она, не сдержав хлынувших слез, — было последнее утешение, последняя память, — и та погибла. С чем уеду?

Варя с укором взглянула на дядю.

— После, дорогая барышня, со временем все узнаете, теперь лучше молчать, — сказал решительно отец Петр. — Пути божий неисповедимы, враг же сеет незнаемое… молитесь, памятуя господа. Он воздаст.

Священника не оставили в покое. В тот же день его снова пригласили к главнокомандующему.

— Дознались ли вы чего-нибудь от арестованной? — спросил Голицын.

— Простите, ваше сиятельство, — ответил отец Петр, — тайна исповеди… не могу…

Голицын смешался. «Какие поручения! — подумал он, краснея. — И все эти советники… Орлову не сидится; плетет, видно, мутьян в Москве, а ты спрашивай…»

— Но, батюшка, на это воля свыше, — сказал Голицын.

— Не могу, ваше сиятельство, против совести.

Голицын шевелил губами, не находя выхода из затруднения.

— Да кто же наконец она? — произнес он, стараясь придать себе грозное, решительное выражение. — Ведь это, батюшка, государственное, глубокой важности дело… Согласитесь, я должен же донести, взыщется… ведь ответчик за спокойствие и за все — я… я один…

— Одно могу доложить вашему княжескому сиятельству, — проговорил священник, — пока жив, сдержу клятвенное слово, потребованное вами.

Фельдмаршал насторожил уши.

— Никому не пророню узнанного на духу, — продолжал отец Петр, — вы сами взяли с меня обет молчания, но я могу сообщить вам, князь, лишь мою собственную догадку. Много об арестованной выдумано, приплетено… А что, если…

— Говорите, говорите, — сказал фельдмаршал.

— Что, если арестованная не повинна ни в чем! — произнес священник. — Ведь тогда, за что же она все это терпит?

Если бы гром в это мгновение разразился над фельдмаршалом — он менее озадачил бы его.

— Вы хотите сказать, что она не имела сообщников, не злоумышляла? — проговорил он. — Да ведь, если, сударь, так, то она и не самозванка, понимаете ли, а прирожденная, настоящая наша княжна… Неужели возможно это, хотя на миг, допустить?

Отец Петр, склонясь головой на рясу, молчал.

— Вы ошибаетесь! Сон и бред! — вскричал фельдмаршал, хватаясь за звонок. — Лошадей! — сказал он вошедшему ординарцу. — Сам попытаюсь, еще не утеряно время! погляжу.

32

«Ох, и я грешник в указаниях о ней! — мыслил Голицын, едучи в крепость, — поддавался в выводах другим, торопился без толку, льстил догадкам и соображениям других!»

Нева, поверх льда, была еще затоплена остатками бывшего накануне наводнения. Карета Голицына с трудом пробиралась между незамерзших луж.

Обер-коменданта он не застал дома. Тот с ночи находился в равелине. У крыльца вертелся с бумагами Ушаков. Он подошел к князю и начал было:

— Так как вашему сиятельству небезызвестно, расходы на оную персону…

— Ведите меня к арестантке, — сказал князь дежурному по караулу, обернув спину к Ушакову. — Чем занимаются! Что больная? В памяти еще?

— Кончается, — ответил дежурный.

Голицын перекрестился. У входа в равелин его встретил обер-комендант Чернышев.

Князь не узнал его. Бравый, молодцеватый фронтовик-служака, Чернышев, не смущавшийся на своей должности ничем, был взволнован и сильно бледен.

— Бедная, — прошептал фельдмаршал, идя с Чернышевым, — ужели умрет?.. Был доктор?

— Неотлучно при ней, с вечера, — ответил Чернышев, — недавно началась агония… бредит…

— О чем бред? Говорите! — опять всполошился князь, склоняя голову к Чернышеву. — Были вы у нее, слышали? Бред о чем?

— Заходил несколько раз, — ответил обер-комендант. — Твердит непонятные слова — слышатся между ними: Орлов… принцесса… mio caro, gran Dio[11]…

— Ребенок? — спросил, смигивая слезы, князь.

— Жив, ваше сиятельство, — на руках кормилки… супруга… жена-с хорошую нашла.

— Заботьтесь, сударь, чтоб все было, понимаете, чтоб все, — внушительно и строго проговорил фельдмаршал, подыскивая в голосе веские, начальнические звуки, — по-христиански, слышите ли, вполне… И на случай, здесь же… в тайности, понимаете ли, и без огласки… ведь человек тоже, страдалица.

Князь еще хотел что-то сказать и всхлипнул. Горло ему схватили слезы. Он качнул головой, оправился и, по возможности бодрясь, твердо вышел на крыльцо. Здесь он взглянул на хмурое серое небо, заволоченное обрывками облаков.

Над равелином, в вихре падавшего снега, беспорядочно вились галки. Полусорванные смолкшею двухдневною бурей, железные листы уныло скрипели на ветхой крыше. Фельдмаршал, кутаясь в соболий воротник, сел в карету и крикнул:

— Домой!

«В прежние наводнения, — рассуждал он, — не раз заливало казематы; теперь господь помиловал ее, бедную.

Да, по всей видимости, — мысленно прибавил он себе, — несчастная

---

[11] мой дорогой… великий боже… (ит.)

— игралище чужих, темных страстей. Самозванка ли, трудно решить. Так ее величеству и отпишу… ее смерть падет не на наши головы…»

Карета быстро неслась по свежему, падавшему снегу, обгоняя обозы с дровами и сеном, щегольские экипажи и одиноких пешеходов, озабоченно шагавших сквозь снежную завируху.

Мелькали те же дома, церкви, те же мосты и вывески, к которым старый князь, с хлопотливою, деловою озабоченностью начальника северной резиденции, приглядывался столько лет. Вот и дом полиции, у Зеленого моста, на Невском, и собственная квартира фельдмаршала. Тяжело было на его душе.

«А что, если она и впрямь не самозванка?» — вдруг подумал фельдмаршал, завидев у моста на Мойке место бывшего Елисаветина Зимнего дворца и далее, по Невскому, Аничковы палаты Разумовского.

Голицыну вспомнилось прошлое царствование, тогдашние сильные люди, связи, его собственные молодые годы и все, что унеслось с теми невозвратными годами и людьми.

Вечером, четвертого декабря 1775 года, княжна Тараканова, dame d'Azov, Али Эмете и принцесса Владимирская — скончалась. Ее последних минут не видел никто. К ней вошли, — она лежала тихо, будто заснула. Неприкрытые тусклые зрачки были устремлены к образку спаса.

На следующий день сторожившие ее гарнизонные инвалиды Петропавловской крепости вырубили, при помощи ломов и кирок, на внутреннем, обсаженном липками дворике Алексеевского равелина глубокую яму и тайно от всех зарыли в ней тело умершей, закидав ее мерзлою землей. Инвалидный вахтер Антипыч сам от себя посадил над этой могилой березку… Прислугу арестантки, горничную Мешеде и шляхтича Чарномского, по довольном опросе и взятии с них клятвы о вечном молчании, отпустили в чужие края.

Отец Петр проведал о кончине арестантки по слезам и некоторым намекам кумы, обер-комендантши. Он сказал себе: «Узницы тьмы, долгою нощию связаны, успокоил вы господь!» — и без огласки отслужил у себя в церкви панихиду по усопшей рабе божией Елисавете, причем на проскомидии, в помин ее души, вынул частичку из просфоры.

— По ком это, крестный, вы служили панихиду? — спросила священника Варя, увидев у него на столе эту просфору.

— Не известная тебе особа, многострадальная!

— Да кто она?

— Аз раб и сын рабыни твоея , — ответил загадочно отец Петр, — все мы под властью божьей, мудрые и простые, рабы и цари… сокровенная притчей изыещет и в гадании притчей поживет !..

Фельдмаршал Голицын долго обдумывал, как сообщить императрице о

86

кончине Таракановой. Он взял перо, написал несколько строк, перечеркнул их и опять стал соображать.

«Э, была не была! — сказал он себе. — С мертвой не взыщется, а всем будет оправдание…»

Князь выбрал новый чистый лист бумаги, обмакнул перо в чернильницу и, тщательно выводя слова неясного, старческого почерка, написал:

«Всклепавшая на себя известное вашему величеству неподходящее имя и природу, сего четвертого декабря, умерла нераскаянной грешницей, ни в чем не созналась и не выдала никого».

«А кто из высших проведает о ней и станет лишнее болтать, — мысленно добавил Голицын, кончив это письмо, — можно пустить слух, что ее залило наводнением… Кстати же, так стреляли с крепости и разгулялась было Нева…»

Так и сложилась легенда о потоплении Таракановой.

Пробившись без успеха еще некоторое время по присутственным местам, Ирина Львовна Ракитина убедилась в безнадежности своего дела и уехала с Варей обратно на родину. В Москве она пыталась лично подать прошение императрице. Это было в том же декабре 1775 года, накануне возвращения Екатерины в Петербург. Прошение Ирины было благосклонно принято, но в суете придворных сборов, очевидно, где-нибудь затерялось, и потом о нем забыли. По нем не последовало никакого решения и ответа. Хотела Ирина в Москве навестить графа Орлова — ей это отсоветовали.

Возвратясь в Петербург, императрица подробнее расспросила Голицына о кончине узницы и, как старик ни старался смягчить свой рассказ, поняла, какая драма постигла ослепленную жертву чужих видов.

— Пересолили, князь, и мы с тобой! — сказала Екатерина. — Отчего ты не был откровеннее со мной?

«Я кругом виновата, — решила Ирина, после мучительных сомнений и раздумья; — через меня Концов бросил родину, через меня впал в отчаянье, пытался помочь той несчастной и погиб. Мне искупить его судьбу, мне вымолить у бога прощение всем греховным в этом деле. Я одинока, нечего более в мире ждать».

Ракитина в 1776 году оставила свое поместье на руки старого отцовского слуги. В сопровождении Вари, помолвленной в том году за учителя московской семинарии, она уехала в небольшой женский монастырь, бывший невдали от Киева, и поступила туда послушницей, в надежде скоро принять окончательно постриг. Сколько Варя ни разубеждала ее, со слезами и заклинаниями, Ирина, надев рясу и клобук, твердила одно:

— Я виновата, мне молиться за него и вечно страдать…

Мольбы, однако, не шли на мысли Ирины.

Прошло пять лет. В мае 1780 года Ракитина снова посетила Петербург. Ее приятельница Варя была замужем в Москве. Дядя Вари, отец Петр, состоял по-прежнему священником Казанской церкви. Ирина его навестила. Он ей очень обрадовался, стал ее расспрашивать.

— Неужели все еще ждете, надеетесь, что ваш жених жив? — спросил он. — Столько лет напрасно тревожитесь; был бы жив, неужели не отозвался бы как-нибудь, не говорю вам — знакомым, родным?

— Не говорите, батюшка, — возразила Ирина, отирая слезы, — все отдам, всем пожертвую.

— Но это, сударыня моя, даже грешно… испытываете провидение, язычески гадаете.

— Что же мне делать? — произнесла Ирина. — Вижу тяжелые, точно пророческие сны… Один, особенно, — ах, сон!.. недавно снилось, да подряд несколько ночей…

Ирина смолкла.

— Что снилось? Говорите, откройтесь.

— Снилось, будто он подошел к моему изголовью такой же, как я его видела у нас в деревне, в последний раз, — статный, красивый, добрый, и говорит: «Я жив, Аринушка, я там, где шумит вечное море… смотрю на тебя утро и вечер с берега, жду, авось меня найдешь, освободившись…» Ах, научите, где искать, кого просить? Государыню снова просить не решаюсь…

— Думал я о вас, — сказал отец Петр, — здесь некому, кроме одного лица… А это лицо — государь цесаревич Павел Петрович… Он, гроссмейстер, покровитель ордена мальтийских рыцарей; один может. Лучшего пособника, коли он только снизойдет к вам, в вашем деле не найти… Тут все: и ум, направленный к благому и таинственному, и связи с могучими и знатными филантропами. А доброта? А рыцарская честность? Это не Тиверий, как о нем говорят враги, а будущий благодетельный Тит…

— Да, я слышала, — ответила Ирина.

— Слышали? так поезжайте же к нему на мызу, ищите аудиенции.

Священник снабдил Ирину нужными наставлениями и советами, дал ей письмо к своей крестнице, кастелянше дворца цесаревича. Ракитина наняла кибитку и через Царское Село отправилась на собственную мызу великого князя — «Паульслуст», впоследствии Павловск.

Кастелянша приняла Ракитину весьма радушно. Она, приютив ее у себя, показала ей диковинки великокняжеского сада и парка, домики Крик и Крах, хижину Пустынника, гроты, пруды и перекидные мосты.

Было условлено, что Ирина сперва все изложит ближней фрейлине цесаревны, недавней смолянке, Катерине Ивановне Нелидовой.

— Когда же к Катерине Ивановне? — спрашивала Ирина, ожидая обещанного ей свидания.

— Занята она, надо подождать, на клавикордах все любимую пьесу цесаревича, какой-то гимн изучает для концерта.

Ирина шла однажды с своей хозяйкой по парку. Вдруг из-за деревьев им навстречу показалась белокурая дама, в голубом, без фижменов, шелковом платье.

— Кто это? — спросила Ирина.

— Цесаревна, — ответила — чуть слышно, низко кланяясь, кастелянша.

Ракитина обмерла. Двадцатидвухлетняя, стройная, несколько склонная к полноте красавица, великая княгиня Мария Федоровна прошла мимо Ирины, близорукими, несколько смущенными глазами с удивлением оглядев ее монашеский наряд. За цесаревной, со свертком нот и скрипкой под мышкой, шел худой и высокий рябоватый мужчина, в темном кафтане и треуголе.

— А это кто? — спросила Ракитина, когда они прошли.

— Паэзиелло, — ответила кастелянша, — учитель музыки ее высочества.

Ирина с восхищением разглядела редкую красоту цесаревны, нежный румянец ее лица и какие-то алые и синие цветы в ее роскошных белокурых волосах, вправленные для сохранения свежести в особые, крохотные стеклянные бутылочки с водой.

Поодаль за цесаревной следовали две фрейлины. Одна из них, невысокая, худенькая и подвижная брюнетка, поразила Ирину блеском черных, сыпавших искры живых глаз. Она весело болтала с сопутницей. То была Нелидова. Мило прищурясь сделавшей ей книксен толстой кастелянше, она ей сказала с ласковой улыбкой:

— Все некогда было, Анна Романовна, — все гимн… завтра утром.

«Итак, завтра», — подумала Ирина, восторженным взором провожая чудных, нарядных фей, так нежданно мелькнувших перед нею в парке.

В назначенный час Анна Романовна провела Ирину во фрейлинский флигель, бывший рядом с гауптвахтой, и усадила ее в небольшой приемной.

— Катерина Ивановна, видно, еще во дворце, у великой княгини, — сказала она, — подождем, голубушка, здесь; скиньте ваш клобучок… жарко.

— Ничего, побуду и так…

Комната была украшена вазами, блюдами на этажерках и медальонами, вправленными в стены.

— Это все работа великой княгини, — произнесла кастелянша. — Взгляните, матушка, что за мастерица, как рисует по фарфору... А вон в черном шкапчике работа из кости; сама режет на камнях, тушует по золоту ландшафты, точит на станке. А как любит Катерину Ивановну, все ей дарит. Это вот ею вышитая подушка. Смотрите, какая роза, а это мирт, что за тонкость узора, красок. Точно нарисовано.

Ирина не отзывалась.

— Что молчите, милая? О чем думаете?

— Роза и мирт, — произнесла, вздохнув, Ирина, — жизнь и смерть. Чем-то кончатся мои поиски и надежды?

Из комнат Нелидовой в это время донеслись звуки клавесина. Нежный, звонкий, отлично выработанный голос пел под эти звуки торжественный и грустный гимн из оперы Глюка «Ифигения в Тавриде».

— Ну, Арина Львовна, уйдем, — сказала кастелянша, — видно, опоздали; Катерина Ивановна за музыкой, а в это время никто ее не беспокоит. Того и гляди, у нее теперь и великая княгиня.

Ирина, дав знак спутнице, чтоб та несколько обождала, с замиранием сердца дослушала знакомый ей, молящий гимн Ифигении. Она сама когда-то в деревне пела его Концову.

«О, если бы я так могла их просить! Но когда это будет? У них свои заботы, им некогда!» — подумала она, чувствуя, как ее душили слезы.

— Идем, идем, — торопила Анна Романовна.

Гости тихо вышли в сени, на крыльцо, обогнули фрейлинский флигель и направились в сад. Калитка хлопнула.

— Куда же вы это? — раздался над их головами веселый оклик.

Они подняли глаза. Из растворенного окна на них глядела радушно улыбающаяся, черноглазая Нелидова.

— Зайдите, я совершенно свободна, — сказала она, — пела в ожидании вас, зайдите.

Гости возвратились.

Кастелянша представила Ракитину. Нелидова приветливо усадила ее рядом с собой.

— Так молоды и уже в печальном уборе! — произнесла она. — Говорите, не стесняясь, слушаю.

Ирина, начав о Концове, перешла к рассказу о плене и заточении Таракановой. С каждым ее словом, с каждою подробностью печального события оживленное и обыкновенно веселое лицо Нелидовой становилось пасмурней и строже.

«Боже, какие тайны, какая драма! — мыслила она, содрогаясь. — И все это произошло в наши дни! Точно мрачные, средневековые времена, и никто этого не знает».

— Благодарю вас, мамзель Ирен, — сказала Катерина Ивановна, выслушав Ракитину, — очень вам признательна за рассказ. Если позволите, я все сообщу их высочествам... И я убеждена, что государь-цесаревич, этот правдивый, этот рыцарь, ангел доброты и чести... все для вас сделает. Но кого он должен просить?

— Как кого? — удивилась Ирина.

— Видите ли, как бы вам сказать? — произнесла Нелидова. — Государь-наследник не мешается в дела правления; он может только ходатайствовать, просить... от кого зависит ваше дело?

— Князь Потемкин мог бы, — ответила Ирина, вспомнив наставления отца Петра, — этому сановнику легко предписать послам и консулам. Лейтенант Концов, быть может, снова где-нибудь в плену у мавров, негров, на островах атлантических дикарей.

— Вы долго здесь пробудете? — спросила Нелидова.

— Мать-игуменья обители, где я живу, давно отзывает, ждет. Мои поиски все осуждают, именуют грехом.

— Как же и куда вам дать знать?

Ирина назвала обитель и задумалась, взглянув на подушку, вышитую великой княгинею.

— Я так исстрадалась и столько ждала, — проговорила она, подавляя слезы, — не пишите мне ничего, ни слова! а вот что... вложите в пакет... если удача — розу, неудача — миртовый листок.

Нелидова обняла Ирину.

— Все сделаю, все, — ласково сказала она. — Попрошу великую княгиню, государя-цесаревича. Вам нечего здесь ждать. Поезжайте, милая, хорошая. Что узнаю, вам сообщу.

34

Вестей не приходило. Наступил 1781 год.

С удалением князя Григория Орлова и с падением влияния воспитателя цесаревича, Панина, новые советники императрицы Екатерины, с целью устранить от нее влияние сына, Павла Петровича, подали ей мысль отправить цесаревича и его супругу, для ознакомления с чужими странами, в долгий заграничный вояж. Ирина с трепетом узнала об этом в монастыре из писем Вари.

Их высочества оставили окрестности Петербурга 19 сентября 1781 года. В половине октября, под именем графа и графини Северных, они в украинском городке Василькове проехали русскую границу с Польшей. Здесь фрейлину Нелидову ожидала подъехавшая накануне по киевскому тракту некая молодая, в черной монашеской рясе, особа. Она была введена в помещение Катерины Ивановны. Туда же через сад, как бы невзначай, пока перепрягали лошадей, вошел граф и графиня Северные. Они здесь оставались несколько минут и вышли — граф сильно бледный, графиня в слезах.

— Бедная Пенелопа, — сказал Павел Нелидовой, садясь в экипаж и глядя на видневшуюся сквозь деревья темную фигуру Ирины.

Беседа Катерины Ивановны с незнакомкой по отъезде высоких путников длилась так долго, что фрейлинский экипаж по маршруту запоздал и должен был догонять великокняжеский поезд вскачь.

— Роза, роза!.. Не мирт… — загадочно для всех крикнула незнакомке Нелидова по-французски, маша ей, как бы в одобрение, из кареты платком.

«Действительно, плачущая Пенелопа!» — подумала Катерина Ивановна, уезжая и видя издали на пригорке неподвижную темную фигуру Ирины.

Заграничный годовой вояж графа и графини Северных был очень разнообразен. Они объехали Германию и встретили новый, 1783 год в Венеции.

Восьмого января 1783 года великий князь Павел Петрович в живописном итальянском плаще «табарро», а великая княгиня в нарядной венецианской мантилье и в «цендаде» посетили утром картинную галерею и замок дожей, а вечером — театр «Пророка Самуила», где для высоких гостей давали их любимую оперу «Ифигения в Тавриде». Сам знаменитый маэстро-композитор Глюк управлял оркестром.

После оперы публика повалила на площадь святого Марка. Там в честь высоких путешественников был устроен импровизированный народный маскарад. Площадь кипела разнообразною, оживленною толпой. Все заметили, что граф Северный, проводив супругу из театра в приготовленный для них палаццо, гулял по площади в маске, в стороне от других, беседуя с каким-то высоким, тоже в маске, иностранцем, который ему был представлен в тот вечер Глюком в театральной ложе.

Светил яркий полный месяц, горели разноцветные огни. Шум и говор пестрой толпы не развлекал собеседников.

— Кто это? — спросила одна дама своего мужа, указывая, как внимательно слушал граф Северный шедшего рядом с ним незнакомца.

— Да разве ты не узнаешь? Друг Глюка, наш знаменитый маг и вызыватель духов…

Павел был взволнован и не в духе. Он хотел подшутить над незнакомцем, но вспомнил одно обстоятельство и невольно смутился.

— Вы — чародей, живущий, по вашим словам, несчетное число лет, — произнес он любезно, хотя с нескрываемою усмешкой в голосе. — Вы, как уверяют, имеете общение не только со всеми живущими, но и с загробной жизнью. Это, без сомнения, шутка с вашей стороны, и я, разумеется, этому не верю! — прибавил он, стараясь быть любезным. — Смешно верить сказкам... Но есть сказки и сказки, поймите меня... Хотелось бы вас спросить об одном явлении.

— Приказывайте, слушаю, — ответил незнакомец.

— Например... и это опять только без сомнения, разговор кстати, — продолжал граф Северный, — меня всегда занимали вопросы высшей жизни, непонятные вмешательства в нашу духовную область сверхъестественных сил. Мне бы хотелось... я бы вас просил — раз мы встретились так нежданно, — объясните мне одну загадочную вещь, странную встречу...

— К вашим услугам, — ответил, вежливо кланяясь, незнакомец.

Его собеседник молча прошел несколько шагов.

Павел боролся с собой, стараясь в чем-то поймать кудесника и в то же время заглушая в себе нечто тяжелое и томительное, что, очевидно, составляло одно из его тайных мучений. Приподняв маску, он отер лоб.

— Я видел духа, — проговорил он нерешительно, всилу сдерживая волнение, — видел тень, для меня священную...

Незнакомец опять слегка поклонился, идя рядом с Павлом, который своротил с площади к полуосвещенной набережной.

— Однажды, это было в Петербурге... — начал граф Северный.

И он передал собеседнику известный, незадолго перед тем кем-то уже оглашенный в чужих краях рассказ о виденной им тени предка: как он в лунную ночь шел с адъютантом по улице и как вдруг почувствовал, что слева между ними и стеной дома молча двигалась какая-то рослая, в плаще и старомодном треуголе, фигура, — как он ощущал эту фигуру по ледяному холоду, охватившему его левый бок, и с каким страхом следил за шагами призрака, стучавшими о плиты тротуара, подобно камню, стучащему о камень. Не зримый адъютанту, призрак обратил к Павлу грустный и укорительный голос: «Павел, бедный Павел, бедный князь! Не особенно привязывайся к миру: ты недолго будешь в нем. Бойся укоров совести, живи по законам правды... Ты в жизни...»

— Тень не договорила, — заключил граф Северный, — я не понимал, кто это, но поднял глаза и обмер: передо мной, ярко освещенный лунным блеском, стоял во весь рост мой прадед Петр Великий. Я сразу узнал его ласковый, дышавший любовью ко мне взгляд; хотел его спросить... он исчез, а я стоял, прислонясь к пустой, холодной стене...

Проговорив это, Павел снова снял маску и отер платком лицо; оно было смущенно и бледно. Перед его глазами как бы еще стоял дорогой, печальный призрак.

35

— Как думаете, синьор? — спросил, помолчав, граф Северный. — Была ли это греза, или я действительно видел в то время тень моего прадеда?

— Это был он, — ответил собеседник.

— Что же значили его слова? И почему он их не договорил?

— Вы хотите это знать?

— Да.

— Ему помешали.

— Кто? — спросил Павел, продолжая идти по опустелой набережной.

— Призрак исчез при моем приближении, — ответил собеседник. — Я в то время шел от вашего банкира Сатерланда; вы меня не заметили, но я видел вас обоих и невольно спугнул великую тень.

Граф Северный остановился. Ему было смешно и досадно явное шарлатанство мага и вместе хотелось еще нечто от него узнать.

— Вы шутите, — произнес он, — разве вы посещали Петербург? Что-то об этом не слышал.

— Имел удовольствие... но на короткое время... меня тогда приняли недружелюбно. Как иностранец и любознательный человек, я ожидал внимания; но ваш первый министр обидел меня, предложив мне удалиться. Я взял от банкира свои деньги и в ту же ночь выехал.

«Шут, скоморох! — презрительно усмехнувшись, подумал граф Северный. — Какие басни плетет!»

— Приношу извинения за грубость нашего министра, — с изысканной вежливостью сказал он, чуть касаясь рукой шляпы. — Но что, объясните, значат недосказанные слова тени?

— Лучше о них не спрашивайте, — ответил незнакомец. — Есть вещи... лучше не допытывать о них немой судьбы...

В это время с большого канала донеслись звуки лютни. Кто-то на гондоле пел. Павел прислушался: то был его любимый гимн. Он вспомнил мызу Паульслуст, музыкальные утра Нелидовой и ее предстательство за Ракитину.

— Хорошо, — сказал он, — пусть так; правду скажет будущее. Но у меня к вам еще просьба… Особа, которой я хотел бы искренно, во что бы то ни стало, услужить, желает знать одну вещь.

— Очень рад, — произнес собеседник. — Чем могу еще служить вашему высочеству?

— Одна особа, — продолжал граф Северный, — просила меня разведать здесь, в Италии, в Испании, вообще у моряков, жив ли один флотский? Он был на корабле, который пять лет назад погиб без следа.

— Русский корабль?

— Да.

— Был унесен и разбит бурей в океане, невдали от Африки?

— Да.

— «Северный орел»?

— Он самый… вы почем знаете?

— На то меня зовут чародеем.

— Говорите же скорее, спасся ли, жив ли этот моряк? — нетерпеливо произнес граф Северный.

Собеседники стояли у края набережной. Волны, серебрясь, тихо плескались о каменные ступени. Вдали, окутанный сумерками, колыхался темный, с подвязанными парусами, очерк корабля.

— Завтра на этой шкуне, — сказал собеседник Павла, — я покидаю Венецию. Но прежде, чем уйти в море и ответить на новый ваш вопрос, мне бы хотелось, простите, знать… будет ли граф Северный, взойдя на престол, более ко мне снисходителен, чем министры его родительницы? Позволит ли он мне в то время снова навестить его страну, каков бы ни был ответ мой о моряке?

Нервное волнение, охватившее Павла при рассказе о встрече с тенью прадеда, несколько улеглось. Он начинал более собою владеть. Вопрос собеседника привел его в негодование. «Наглец и дерзкий пролаз! — подумал он с приливом подозрительности и гнева. — Каково нахальство и какой дал оборот разговору! Базарный акробат, шарлатан!..»

Павел едва сдерживал себя, комкая в руках снятую перчатку.

— За будущее трудно ручаться, по вашим же словам, — сказал он, несколько одумавшись, — впрочем, я убежден, что в новый приезд вы в России во всяком случае найдете более вежливый и достойный чужестранца прием.

Собеседник отвесил низкий поклон.

— Итак, вам хочется знать о судьбе моряка? — произнес он.

— Да, — ответил Павел, готовясь опять услышать что-либо фиглярское, иносказательное, пустое.

— Пошлите особе, ожидающей вашего известия, — проговорил итальянец, — миртовую ветвь…

— Как? Что вы сказали? Повторите! — вскрикнул Павел. — Мирт, мирт? Так он погиб?

— Моряк спасся на обломке корабля у острова Тенериф и некоторое время жил среди бедных прибрежных монахов.

— А теперь? Говорите же, молю вас…

— Год спустя его убили пираты, грабившие прибрежные села и монастырь, где он жил.

— Откуда вы все это знаете?

— Я также в то время жил на Тенерифе, — ответил собеседник, — списывал в монастырском архиве одну, нужную мне, древнюю латинскую рукопись.

«Да что же это наконец? Фокусник он или действительно всесильный маг? — в мучительном сомнении раздумывал Павел. — По виду — ловкий отгадчик, смелый шарлатан, не более… Но откуда все это сокровенное — берега Африки, имя погибшего корабля… и эта условленная, роковая, миртовая ветвь? Неужели выдала Катерина Ивановна? Но он ее не видел, она нездорова, все время не выходит из комнат, никого не принимает и нигде не была…»

Павел еще хотел что-то сказать и не находил слов. Над взморьем, где виднелась шкуна, уже начинался рассвет.

— Я провожу ваше высочество до палаццо, — сказал, искательно и как-то низменно-мещански изгибаясь, собеседник, — дозволите ли?

Павел чуть взглянул на мишурно-балаганный, ставший жалким в лучах рассвета, бархатный с блестками наряд мага и, сняв маску, не говоря более ни слова, угрюмо и величаво, пошел назад по опустелой набережной.

«Бедная, плачущая Пенелопа! Бедная красавица Ирен! — мыслил он. — Не разъяснили ей мучительной загадки министры, рыцари и послы; пошлем ей миртовую ветвь итальянского скомороха и вызывателя духов».

36

Прошло еще пятнадцать лет… 1796 год приближался к концу.

Были первые месяцы царствования императора Павла.

В Петербурге радостно толковали об освобождении из крепости знаменитого Новикова и о возврате из Сибири Радищева.

Император с августейшею супругой и некоторыми лицами свиты посетил собор Петропавловской крепости. Полицеймейстер Архаров предложил государю взглянуть на главное здание Алексеевского равелина, где в то время кончались неотложные исправления. Один из казематов привлек особое внимание высоких посетителей.

— Здесь содержался кто-нибудь из итальянцев? — спросил государь коменданта.

— Никак нет-с, ваше величество, раскольники.

— Но как же, смотрите, — указал государь на окно, — вот надпись на стекле алмазом — o Dio mio![12]

Архаров и комендант озабоченно склонились к оконной раме. Комендант, впрочем, был новый, не успел еще ознакомится с преданиями о прошлом крепости.

— Любопытно было бы узнать, — произнесла государыня Мария Федоровна. — Почерк женский. Бедная! Кто бы это был?

— Не Тараканова ли? — сказала бывшая здесь Нелидова. — Помните ли, ваше величество, несчастье с моряком Концовым и ту девушку из Малороссии?

— Тараканова в то время утонула, — сказал кто-то, — ее здесь залило наводнением.

Все на это замечание промолчали. Одна императрица Мария Федоровна, взглянув на Нелидову и указав ей в окно на одиноко разросшуюся среди глухого сада равелина белую березу, шепнула:

— Вот ее могила! Помните? Но где записки о ней?

Государь, очевидно, слышал это замечание. Садясь в коляску, он сказал Архарову:

— Надо, во что бы то ни стало, это разузнать, здесь совершено прискорбное дело... Были смутные времена: покушение Мировича, бунт Пугачева, потом эта... эта... несчастная... Я видел слезы матушки... она до своей кончины не могла себе простить, что допустила допрашивать арестованную в свое отсутствие из Петербурга.

Полиция начала розыски. Где-то в богадельне нашли престарелого слепого инвалида Антипыча, двадцать лет назад служившего сторожем в крепости... Инвалид указал на какого-то огородника, а этот на дьячка Казанской церкви, видевшего когда-то при переборке церковных дел у покойного протоиерея отца Петра сундук с бумагами и в нем некий важный, особо хранившийся пакет.

Бросились искать семью отца Петра. Прямого потомства у него не оказалось. Нашли его внучку, дочь его племянницы Варвары, жену сенатского писца. Ее навестил сам Архаров, но также ничего не добился. Куда делся сундук с бумагами отца Петра и был ли он, с другою

---

[12] О, бог мой! (ит.)

рухлядью, по его смерти отослан племяннице в Москву, или иному кому, никто этого не знал.

Дело объяснилось впоследствии, в глубине Украины, в уединенном и бедном монастыре, где некогда поселилась Ирина и где она, приняв окончательный постриг, тихо скончалась в престарелых годах, горячо молясь за погибшего в море жениха, раба божьего Павла.

В числе немногих вещей покойной нашли пачку бумаг с надписью: «От отца Петра» — и между ними засохшую миртовую ветвь, при письме одной важной особы. Бумаги у игуменьи выпросил на время и зачитал любитель старины сосед, кончивший впоследствии жизнь в чужих краях.

...Граф Алексей Григорьевич Орлов-Чесменский женился в год путешествия в чужие края графа и графини Северных. Его побочный сын от таинственной княжны Таракановой, Александр Чесменский, умер в чине бригадира в конце прошлого века.

Пережив императрицу Екатерину и императора Павла, граф Алексей Григорьевич оставил после себя единственную, умершую безбрачную, дочь, известную графиню Анну Алексеевну, и скончался в Москве в царствование императора Александра I, накануне рождества, в 1807 году.

Преследовали ли его при кончине угрызения совести за его поступок с Таракановой, или в крепкую душу графа Алехана до конца жизни не западало укоров совести — неизвестно.

Сохранилось, впрочем, достоверное предание, что предсмертные муки графа Алексея Григорьевича были особенно невыносимы. Чтоб не было на улице слышно ужасных стонов и криков умирающего «исполина времен» — было признано нужным заставить его домашний оркестр, разучивавший в соседнем флигеле какую-то сонату, играть как можно громче.

www.ingramcontent.com/pod-product-compliance
Lightning Source LLC
Chambersburg PA
CBHW020648250626
47154CB00008B/2866